Pendo

Thomas Ramge

NACH DER EGO-GESELLSCHAFT

Wer gibt gewinnt – Die neue Kultur der Großzügigkeit

Pendo München und Zürich

Inhalt

1. Das Raffke-Paradox – Wenn alle nehmen, bleibt nichts übrig

Alles muss sich ändern,
damit alles bleiben kann, wie es ist.

Der Leopard in Giuseppe di Lampedusas
gleichnamigem Roman

Fiktiv abrechnen

Seien Sie ehrlich. Wann haben Sie das letzte Mal einen Vorteil mal eben so mitgenommen oder clever herausgetrickst? Eine dieser kleinen Vorteilsnahmen, zu denen Ihre Mutter oder zumindest der Großvater noch gesagt hätten: »Das macht man als anständiger Mensch nicht!« Ich meine auch die ganz legalen Geschichten. Mein altes Auto wurde vor einigen Monaten von einem anderen Fahrzeug am hinteren Kotflügel leicht angekratzt. Ein kleines Plastikteil ist abgesplittert. Das hätte man wohl wieder ankleben können. Das Blech war auch ein bisschen eingedrückt. Das hat zumindest die Werkstatt bemerkt. Was soll's. Und wenn zu den fünf Kratzern an meinem Auto nun noch ein sechster am hinteren Kotflügel hinzukommt, dürfte das den Wert des Fahrzeugs – sollte es noch einmal über den TÜV kommen – auch nicht deutlich mindern. Meine kleine Werkstatt, die ich sehr schätze, weil nett und zuverlässig, erstellte für die Versicherung des »Unfallgegners« einen Kostenvoranschlag über 1244,24 Euro. Lackierung Seitenwand und Tür 463,50 Euro, Material Lackierung 115,87 Euro, Zierleisten 136,20 Euro, 6,5 Arbeitsstunden 308,75 Euro und noch ein paar Kleinigkeiten plus Mehrwertsteuer.

Die Versicherung ermunterte mich daraufhin, den Schaden »fiktiv abzurechnen«. Diese Formulierung hört sich nur nach Betrug an. »Fiktiv abrechnen« heißt, den Schaden gar nicht oder irgendwie selbst zu beheben. Die Versicherung überweist dann den Betrag, den die Reparatur gekostet hätte. Dabei spart sie immerhin die Mehrwertsteuer, denn die fällt bei einer fiktiven Schadensregulierung ja nicht an. Natürlich ärgere auch ich mich jedes Jahr über den unverschämt hohen Betrag, den die KFZ-Haftpflicht-Versicherung für meine übermotorisierte Schrottkarre abbucht. Über die 1072,62 ganz legalen und steuerfreien Euro auf meinem Konto habe ich mich hingegen gefreut. Mein Großvater wäre nicht stolz auf mich. Ich habe mir vorgenommen, beim nächsten Mal die Größe zu besitzen, auf das Geld zu verzichten. Mal sehen, ob es mir gelingt. Falls nicht, habe ich eine gute Ausrede. So wie ich macht es jeder – und viele ja noch viel schlimmer.

Über vier Milliarden Euro, so schätzt der Gesamtverband der Deutschen Versicherungswirtschaft, geben deutsche Versicherungsunternehmen jährlich für vorgetäuschte Schäden aus. Jedes dritte gestohlene Auto wurde gar nicht geklaut, sondern ins Ausland verkauft. Professionelle Autoschieber kenne ich persönlich nicht. Sehr wohl kenne ich Leute, die Freunde mit einer Haftpflichtversicherung anrufen, wenn ihnen selbst und ohne Fremdverschulden der Laptop runtergefallen ist. 90 Prozent der erschwindelten Versicherungssummen liegen unter 500 Euro. Es ist übrigens durchaus nicht so, dass sich nur diejenigen ihre Versicherungsbeiträge durch Betrug »zurückholen«, die es besonders nötig hätten. Die ertappten Delinquenten verteilen sich über alle Einkommensschichten und fühlen sich allesamt als Kavaliere. Und wenn es einer letzten Ebene der Selbstrechtfertigung bedarf, dann reicht es ja, wahlweise auf sich bereichernde Politiker, Manager, Betriebsräte oder Fußballschiedsrichter zu deuten. Wer weniger betrügt als der Durchschnitt, finanziert die Abzocke der anderen. Diese Form der Versicherungsmathematik kapiert jeder. Die Nation hat daraus eine innere Handlungsanweisung abgeleitet. Und die heißt: Nimm alles mit, was irgendwie geht.

Die »Geiz-ist-geil«-Kampagne einer Elektronikmarktkette wurde im letzten Jahr zum – etwas überstrapazierten – Symbol für die Gemütslage einer Gesellschaft der Schnäppchenjäger, die sich selbst kaputtspart. Die Kampagne der Konkurrenz traf den Zeitgeist vielleicht noch genauer, ohne dass die Feuilletons davon Notiz genommen hätten: »Ich bin doch nicht blöd!« Der Dumme ist ja bekanntlich der Ehrliche. Dummerweise beschränkt sich die Nehmermentalität nicht auf den Volkssport Versicherungsbetrug. Das wäre volkswirtschaftlich noch zu verkraften. Doch ebenso beliebt sind das Erschleichen von Subventionen, Spesenrittertum, Schwarzarbeit, Missbrauch sozialer Leistungen und andere artverwandte Disziplinen. Deutsche Leichathleten machen auf internationalen Wettbewerben kaum einen Stich. Im Mehrkampf des Nehmens, wo es innerhalb oder ein wenig außerhalb der Legalität was zu nehmen gibt, ist die Nation hervorragend aufgestellt. Und dies gilt vom Arbeitslosengeld-II-Empfänger bis zum Konzernchef für alle gesellschaftlichen Gruppen.

Generation Rolf

Ein Bekannter betreibt eine Bar. In der arbeiten mehrere Servicekräfte auf der Basis von 400-Euro-Jobs. Dafür muss der Gastronom nur minimale Sozialabgaben zahlen und alle sind glücklich.

Natürlich verdienen viele Servicekräfte mehr als 400 Euro, den Rest gibt es ohne Quittung bar obendrauf. Wie will eine Stichprobenkontrolle schon genau feststellen können, wer im vergangenen Monat wie lange gearbeitet hat. Der Freund einer Freundin kassiert seit Jahren Stütze vom Sozialamt (bzw. seit kurzem ALG II), verdient aber als Tanzmucker bei privaten Feiern recht ordentlich nebenher – ebenfalls ohne Quittung, versteht sich.

Gesicherte Zahlen zum Sozialmissbrauch in Deutschland gibt es nicht. Die Schätzungen schwanken stark je nach politischer Couleur. Die Caritas geht davon aus, dass der Staat rund 120 Millionen Euro im Jahr zu viel Sozialhilfe zahlt. Der Bund Deutscher Kriminalbeamter sieht den Schaden hingegen »deutlich im mehrfachen Milliardenbereich«. Den besonders Cleveren gelang es bis vor kurzem ganz legal, ihr Leben am Platz an der Sonne vom Steuerzahler finanzieren zu lassen. Deutschland ist pleite und zahlt Florida-Rolf die Sonnencreme. Doch damit wir uns richtig verstehen: Die Generation Rolf ist klassenlos. Sozialmissbrauch ist kein Privileg der Menschen auf den unteren Stufen der sozialen Leiter.

Der Mannesmann-Prozess hat noch einmal per Victory-Zeichen dokumentiert, dass vielen in der deutschen Managementspitze die Maßstäbe für Anstand verloren gegangen sind. Fröhlich wird die Beute internationaler Deals untereinander aufgeteilt und in einem unbedachten Augenblick öffentlich triumphiert, wenn das vorerst nur unanständig aber nicht justiziabel ist. Hartnäckig wehren sich viele Konzerne, die Gehälter ihrer Vorstände öffentlich zu machen. Leistung muss sich wieder lohnen, ganz recht. Sie muss aber auch transparent sein. Dass Managergehälter hoch sind, hat sich herumgesprochen. Für mehr Verblüffung unter Arbeitern und Angestellten dürfte es sorgen, wenn diese das Maß an sozialer Absicherung kennen würden, das sich Geschäftsführer und Vorstände in ihre Arbeitsverträge schreiben lassen. Muss ein Geschäftsführer gehen, bezieht er auf Firmenkosten oft die Hälfte seines Gehalts, bis er einen neuen Job gefunden hat. Das kann im Zweifelsfall auch bis zur Rente sein.

Auch die gehobene Mittelschicht ist vom Nehmervirus nicht verschont geblieben. Vielleicht grassiert er hier sogar besonders stark. Wenn mehrere Freiberufler zusammen essen gehen und jeder für sich bezahlt, geht am Ende dann doch immer ein mehr oder weniger subtiles Gerangel los, wer die Rechung mitnehmen darf, um sie beim Finanzamt als geschäftliche »Einladung« einzureichen. Die alleinerziehende Tochter eines wohlhabenden Zahnarztes, die mit Kind bei ihrem Vater in der Villa wohnt, hat einen Rechtsanspruch auf originäre Sozialhilfe. Das heißt, dass bei der Kommune abgerufene Sozialleistungen nicht wie üblich von Verwandten wieder zurückgefordert werden. Zahlt die Tochter dem Vater pro forma Miete, hat sie zusätzlich Anspruch auf Wohngeld. »In Ost wie in West gibt es eine Mentalität bis weit in die Mittelschicht hinein, dass man staatliche Leistungen mitnimmt, wo man sie kriegen kann, auch wenn es eigentlich ein ausreichendes Arbeitseinkommen in der Familie gibt«, kritisierte Ex-Kanzler Gerhard Schröder ein Jahr vor seinem Abtritt. Natürlich ist der Satz wahr und jeder weiß das. Und natürlich hat Schröder für die Aussage von allen Seiten mächtig Prügel bezogen. In der Debatte um das Kanzler-Wort – die *Bild*-Zeitung nannte sie den »Schmarotzer-Streit« – führte sich die Ego-Gesellschaft dann selbst vor, dass Selbstgerechtigkeit schichtübergreifend die gleiche argumentative Bezugsquelle haben kann: die anderen.

Die Sozialverbände kritisierten, dass die Schäden durch Steuerhinterziehung der Wohlhabenden um ein Vielfaches höher ausfielen und Schröder die Verfehlungen der Oberschicht mit keiner Silbe erwähnt habe. Der Bund der Steuerzahler kam zu dem Ergebnis, dass die Luxusversorgung von Politikern in Rente ein viel größerer Skandal sei. Brandenburgs Innenminister Jörg Schönbohm (CDU) wurde lieber gleich persönlich. Er benannte in der *Welt* »einen bezeichnenden Fall von Mitnahmementalität«:

Wolfgang Thierses (SPD) Frau habe Arbeitslosengeld bezogen, als Thierse bereits Bundestagspräsident war. Bekanntlich hat sich auch Schröder seit dem Ende seiner politischen Karriere zu einem Nehmer erster Klasse gemausert.

Prinzip kaltes Buffet

»Wer mitnimmt, was er kriegen kann, verhält sich rational«, urteilt der Duisburger Soziologe Gerd Nollmann. Dafür müsse sich auch niemand schämen, da der Wohlfahrtsstaat selbst die Ansprüche der Menschen wecke. Für den Einzelnen und kurzfristig gedacht mag diese Analyse noch richtig sein. In der Summe erodiert das Nehmer-Prinzip die wirtschaftlichen Grundlagen unserer Gesellschaft. Denn das große Nehmen ist leider nur die eine Seite der Medaille. Die Bereitschaft, in ein System einzuzahlen, das viele Kostgänger mit aller Macht aussaugen, ist verständlicherweise gering. Wenn alle nur nehmen, ist keiner bereit zu geben. Wer kann, flüchtet aus den kollektiven Verpflichtungen. Am deutlichsten ist dieser Prozess bei der gesetzlichen Renten- und bei der Krankenversicherung zu beobachten. Wenn es um größere Summen geht, die es vor dem Zugriff des Staates zu retten gilt, lohnt sich im Gefolge von Ex-Unternehmer Friedrich-Karl Flick, Rennfahrer Michael Schumacher oder Molkerei-Mogul Theo Müller gleich der Umzug in ein steuerfreundliches Nachbarland. Eine Vermögenssteuer würde vielleicht noch mehr Reiche aus dem Land treiben. Der Rechtsstaat kann seine Bürger nicht ernsthaft daran hindern, mit ihren Vermögen ins Ausland zu ziehen. Auch die Flucht in Steueroasen ist im Sinne Nolls rationales Verhalten. Das gilt allerdings nicht, wenn man sich als Teil einer Gemeinschaft versteht – und verstehen möchte.

Ähnlich verhält es sich mit der Schwarzarbeit. Rund sechs Millionen Menschen arbeiten in Deutschland am Finanzamt vorbei. Nach Schätzungen des Bundesfinanzministeriums hat die Schattenwirtschaft im Jahr 2005 über 340 Milliarden Euro umgesetzt. Jeder siebte Taxifahrer arbeitet brutto für netto. Am Beispiel Schwarzarbeit lässt sich eine Verschiebung der Werte besonders deutlich feststellen. Bis in die siebziger Jahre hinein wurde Schwarzarbeit noch als kriminelle Handlung wahrgenommen. Heute gilt sie in weiten Kreisen als Kavaliersdelikt. Beim Ausfüllen der Steuererklärung wenden wir die gleichen Regeln an. Dass sich ein paar der 1000 ganz legalen Steuertricks nicht mehr ganz innerhalb der Legalität bewegen, muss erst mal einer nachweisen. Laut »World Competetiveness Report 2004« des Weltwirtschaftsforums hat Deutschland das komplizierteste Steuersystem von 104 untersuchten Staaten. Da fällt es freilich schwer zu bestimmen, wo die Grenze zwischen legal und illegal verläuft – und im Zweifelsfall ist sie immer fließend.

Der Sozialstaat ist pleite, weil wir ihn kannibalisiert haben. Auch dafür haben wir eine gute Entschuldigung: Die Politik hat uns dazu aufgefordert. Otto von Bismarck erfand mit der Einführung von Unfall-, Kranken- und gesetzlicher Rentenversicherung den deutschen Sozialstaat, um sein neu zusammengezimmertes Reich gegen die Gefahren einer proletarischen Revolution wetterfest zu machen. Familien hatten damals vier Mal so viele Kinder wie heute. Das Rentenalter lag bei 70 Jahren, ein Alter, das nur sehr wenige erreichten. 1927 kam die Arbeitslosenversicherung hinzu, die nur sehr geringe Leistungen bot.

Die junge Bonner Republik verstand den Sozialstaat als Auffangnetz für schwere Schicksalsschläge, die Sozialhilfe als Stütze für diejenigen, die im Leben wirklich Pech gehabt haben. In den fünfziger Jahren gab der Staat rund ein Sechstel aller erwirtschafteten Güter und Dienste für soziale Leistungen wie Rente, Arbeitslosengeld oder Sozialhilfe aus. 1957 führte Adenauer die umlagefinanzierte Rente ein. Der Gesamtbeitragssatz lag bei 14 Prozent. Vier Beitragszahler mussten einen Rentner ernähren.

In den sechziger Jahren ging dann, wie der grüne Finanzexperte Oswald Metzger es nennt, der Politik »der wohlfahrtsstaatliche Gaul durch«. Die große Koalition Kiesinger–Brandt stockte die Sozialleistungen im Zuge des Stabilitäts- und Wachstumsgesetzes deutlich auf. Die sozialliberale Koalition unter Brandt zündete ein Feuerwerk sozialpolitischer Reformen, wobei das Wort Reform, wie der Historiker Arnulf Baring anmerkt, damals noch für bessere und leichtere Lebensverhältnisse stand – staatsfinanziert versteht sich. Auch die Regierung Kohl hat nie ernsthaft versucht, soziale Einschnitte durchzusetzen, die Gunst der Wähler bei der nächsten Wahl fest im Blick. Im Ergebnis erhalten heute die privaten Haushalte ein Viertel ihres Einkommens vom Staat. Im Durchschnitt bekommt jeder Bundesbürger, vom Säugling bis zum Greis, knapp 8500 Euro an sozialen Leistungen jährlich. Zusammengenommen sind das rund 700 Milliarden Euro, also ein Drittel des Bruttoinlandsproduktes. Ungefähr 60 Prozent der von der öffentlichen Hand verteilten Mittel sind für Soziales reserviert. Die Spielräume für Investitionen, zum Beispiel in Bildung, sind bei 1500 Milliarden Euro Staatsverschuldung entsprechend gering. Umso größer ist das Anspruchsdenken derjenigen, die seit 40 Jahren immer mehr dafür zahlen, dass sie immer mehr Leistungen abrufen dürfen.

Die Schwerpunkte der Allparteien-Füllhornpolitik haben sich im Laufe der Jahrzehnte immer wieder verschoben. Unter dem Strich ist ein absurdes Knäuel der Transferströme entstanden. Ob Alleinerziehende oder Kinderreiche, Existenzgründer oder Häuslebauer, Leistungssportler oder Arbeitslose, Behinderte oder Senioren: der Staat hat sie nach und nach zu Hilfsbedürftigen erklärt. Erziehungsgeld, Eigenheimzulage, Pendlerpauschale oder Kombilohn machen für sich gesehen vielleicht Sinn. In ihrer Summe haben sie über zwei Generationen ein Anspruchsdenken genährt, das wir uns heute nicht mehr leisten können. Sozialleistungen haben einen großen Nachteil. Sie müssen bezahlt werden. 1960 blieben Arbeitnehmern nach Abzug von Steuern und Sozialabgaben im Schnitt 84,2 Prozent ihres Bruttolohns. Heute lässt der Staat dem Durchschnittsbürger noch 65 Prozent übrig. Dafür hat aber nahezu jeder Anspruch darauf, sich etwas aus dem großen Topf zurückzuholen.

Derweil haben Bürger, Politiker und Experten den Überblick über die Finanzströme im Sozialstaat längst verloren. Mehrere hochrangig besetzte Kommissionen sind bei dem Versuch gescheitert, zu erforschen, wer was von wem bekommt. Fest steht: Die Transferströme wirbeln wild durcheinander. Es gibt in der Tendenz Umverteilung von oben nach unten, aber eben auch ein wenig von unten nach oben. Der Leiter des Bonner Instituts für Wirtschafts- und Gesellschaftsforschung Meinhard Miegel ist davon überzeugt, dass die Umverteilung jedoch vorzugsweise von rechts nach links und links nach rechts läuft. Ein Beispiel hierfür ist die sogenannte Riester-Rente. Fast jeder kann die Förderung beantragen, aber fast jeder muss sie über seine Steuern, direkte oder indirekte, auch mitfinanzieren.

Das große Bild der Umverteilung sieht von Ferne betrachtet ungefähr so aus: Die Reichen zahlen drauf und verwenden viel Energie, zumindest ihren Input ins System zu minimieren. Die verschiedenen Gruppen der Mittelschichten subventionieren sich gegenseitig. Für sie gilt: Jeder sieht zu, dass die private Bilanz von Geben und Nehmen positiv ausfällt. Die Unterschicht profitiert materiell von der Umverteilung, bleibt aber kulturell ausgeschlossen und hat ohne Bildung nur geringe Aufstiegschancen. »Am Ende der großen Umverteilung stehen die meisten da, wo sie zu Beginn standen – abzüglich der Umverteilungskosten«, wertet Sozialexperte Miegel. Diese Kosten sind hoch. Die *Welt* hat hierfür in einem Artikel mit der Überschrift »Gefräßiger Unsozialstaat« ein schönes Bild gefunden: »Das Sozialsystem funktioniert nach der Logik des kalten Buffets. Gezahlt wird im Voraus, und jeder nimmt sich, so viel er kriegen kann. Eine Massage oder Bäderkur findet jeder angenehm. Die wenigsten wären aber bereit, die Kosten dafür allein zu zahlen, selbst wenn sie es könnten.« Die Logik des kalten Buffets muss gebrochen werden.

2 – 1 = 3

Über die Reformen des Sozialstaates und die wirtschaftlichen Rahmenbedingungen am Standort Deutschland wurde so viel diskutiert, dass man das Wort Reform kaum mehr hören mag. Natürlich gibt es nach wie vor keinen Konsens darüber, wie weit diese Reformen gehen müssen, um endlich zu wirken. Doch sämtliche Veränderungsprozesse sind von vorneherein zum Scheitern verurteilt, wenn sich in den Köpfen der Menschen in allen Milieus nicht eine sehr einfache Wahrheit durchsetzt: Eine Gesellschaft der Raffkes muss mit einem Paradox leben. Wenn alle nehmen, bleibt nichts übrig, das man verteilen könnte. Dieses Buch erzählt keine Apostelgeschichte. Ob Geben seliger als Nehmen ist, bleibt eine Glaubensfrage. Doch viele konkrete Beispiele zeigen, dass es sich lohnt, großzügig zu sein, und zwar für den Einzelnen und für die Gemeinschaft. Die Natur macht es vor. Im Evolutionskampf überleben viele Arten, weil sie besser als ihre natürlichen Feinde kooperieren. Die Arbeitssoziologie lehrt, dass Teamarbeiter fast immer produktiver sind als die Summe von Einzelkämpfern. »Wir wissen aus der Psychologie, dass der Weg zum persönlichen Glück immer über den Umweg des Glücks anderer führt – oder anders gesagt, dass das Engagement für Familie, Freunde und Dritte paradoxerweise glücklicher macht als sich immer nur um das eigene Fortkommen zu kümmern«, schreibt der Publizist Florian Langenscheidt in einem Aufsatz mit dem Titel »An die eigene Schulter kann man sich nicht lehnen«. Glücksforscher können belegen: Menschen, die sich ehrenamtlich engagieren, sind mit ihrem Leben zufriedener als diejenigen, die das nicht machen. Unternehmen, die sich ihrer gesellschaftlichen Verantwortung stellen, sind am Markt oft erfolgreicher. Sie steigern die Motivation ihrer Mitarbeiter, und Verbraucher kaufen ihre Produkte, weil sie die Firma sympathisch finden. Schüler, die anderen Schülern helfen, helfen auch sich selbst. Der Prozess des Erklärens bringt einen eigenen Lerneffekt mit sich.

Die hochentwickelte Gesellschaft ist kein Null-Summen-Spiel. Wer gibt, gewinnt. Das Gesetz der Synergie lautet 1 + 1 = 3. Die Kultur der Großzügigkeit kennt noch eine andere Formel: 2 – 1 = 3. Beim Teilen wird vieles mehr. Denn Geben ist – richtig verstanden und klug organisiert – eine Investition in soziales und humanes Kapital. Dieses Kapital nutzt sich bei Gebrauch nicht ab, sondern wird mehr.

Es ist eine Selbstverständlichkeit, dass die besonders Leistungsfähigen auch in höherem Maße zum Gemeinwohl beitragen können und müssen. Reichtum verpflichtet. Die reichen Deutschen sollten sich endlich stärker engagieren und sich an ihren angelsächsischen Pendants ein Beispiel nehmen. Was machen die vielen Gründer und Erben deutscher Industrie- und Gewerbevermögen eigentlich mit ihrem Geld? Ihr Lebensstandard lässt sich kaum steigern. Gesellschaftliches Engagement im Sinne des Gemeinwohls ist unter den Reichen und Superreichen hierzulande weniger in Mode als bei den Geldeliten in den USA und in Großbritannien. Oder fördern deutsche Vermögende die Gesellschaft nur diskreter als reiche US-Amerikaner, deren Stiftungen fast immer auch PR-Maschinen sind? Nein. Es gibt zwar auch in Deutschland Ausnahmen, und ihre Zahl wächst. Doch ein großer Teil der Vermögenselite handelt nach wie vor nach der Maxime: Meins ist meins, und mag es auch vom Vater kommen. Die Verantwortung für Wohl und Wehe der Gesellschaft trägt der Staat, an den man ja ach so hohe Spitzensteuersätze zahlt.

Bei den Gründern des Wirtschaftswunders, auch jenen ohne bekannten Produkt- oder Firmen-Namen, ist der Generationswechsel voll im Gange oder bereits abgeschlossen. Die Erben delegieren oft die Geschäftsführung, lassen sich auszahlen und ziehen sich auf das bequeme Feld der privaten Vermögensverwaltung zurück. Die pensionierten Seniorchefs sind rüstig und haben oft mehr Zeit, als ihnen – gewohnt an 14-Stunden-Tage – lieb ist. Die Zahl der Reichen und Superreichen, die eigentlich nicht so recht wissen, was sie mit ihrem Leben anfangen sollen, steigt in Deutschland. Hier steckt enormes Potenzial. Aber eben nicht nur hier.

Es gibt eine sehr verzerrte Wahrnehmung darüber, wer wie viel zum Gemeinwohl beiträgt. Firmen, so die landläufige Meinung, zahlen sowieso keine Steuern mehr und die Reichen gerade noch so viel, wie sie nicht über Schiffsfonds oder andere Steuersparmodelle vermeiden können. Die Zeche, so die Legende, zahlt wie immer der kleine Mann, der keine Schiffsfonds zeichnet. Unter dem Strich kommt auf der Bierdeckelrechnung dann eine Umverteilung von unten nach oben raus. Tatsächlich zahlt das obere Fünftel der Steuerpflichtigen fast 70 Prozent der Einkommensteuern. Die untere Hälfte der Steuerzahler trägt hingegen weniger als 10 Prozent bei. Das Steuersystem und die zahlreichen Transferleistungen haben ohne Zweifel einen egalisierenden Effekt. Brutto verdienen die einkommensstärksten 20 Prozent knapp die Hälfte der Gesamteinkünfte. Nach Steuern und Sozialabgaben ist es nur noch ein Drittel. Das untere Fünftel verdient brutto nur 0,9 Prozent der Gesamteinkünfte. Netto sind es immerhin 9,7. Im europäischen Maßstab sind die Einkommen in Deutschland relativ gleich verteilt. Auf der Ungleichheitsrangliste rangiert die Bundesrepublik mit den skandinavischen Staaten im unteren Drittel. Das muss man keineswegs für ungerecht halten. Die deutschen Mittelschichten sollten jedoch erkennen, dass sie deutlich wohlhabender sind, als sie selbst glauben. Wer hat, kann auch geben, und das sind eben nicht nur die Thyssens, Krupps, Flicks, Quandts, Oetkers, Albrechts, Springers etc.

(Fast) alle können geben

Die kollektive Angst vor dem sozialen Abstieg hat in den letzten Jahren die Nehmer-Mentalität stark gefördert. Deutschland erstarrt in einer Kultur des Hortens. Wir sparen für schlechtere

Zeiten und individuell ist das natürlich nachvollziehbar. Doch die Abstiegsängste haben auch Gruppen erfasst, die im internationalen Vergleich ein extrem hohes Maß an Absicherung genießen. Angestellte des öffentlichen Dienstes reden über Arbeitslosigkeit, als seien sie in den Überbleibseln der deutschen Textilindustrie beschäftigt. Lehrer haben Angst um ihre Pensionen. Und Studienabgänger schauen mit einem Pessimismus in die Zukunft, als hätten sie nicht einmal einen Hauptschulabschluss vorzuweisen. Dabei liegt die Arbeitslosenquote bei Akademikern unter fünf Prozent. Natürlich gibt es Armut in unserem Land und die ist schlimm und muss bekämpft werden. Doch es muss erlaubt sein festzustellen, dass sie seltener vorkommt als allgemein gefühlt.

Jedes Jahr im kalten Januar erschreckt der Armutsbericht der Bundesregierung die Zeitungsleser. Über 13 Prozent der Deutschen sind arm, ist da zu lesen. Das sind dann meist ein bis zwei Prozent mehr als fünf Jahre zuvor. Die eilfertige Interpretation lautet in immer gleicher Formulierung und nicht nur in der *Frankfurter Rundschau* oder in der *taz*: Die Schere zwischen Arm und Reich geht weiter auseinander. Immer mehr Menschen werden aus dem gesellschaftlichen Leben ausgeschlossen. Diese Lesart ist ein pawlowscher Reflex der schreibenden Sozialexperten. Der Bericht und die ihm zugrunde liegenden Gutachten lassen ohne ideologische Brille betrachtet diesen Schluss nicht zu. Der Berliner Sozialwissenschaftler Klaus Schroeder, raubtierkapitalistischer Tendenzen unverdächtig, kommt nach der Lektüre des Armutsberichts zu folgendem Ergebnis: »Deutschland ist nach wie vor ein reiches Land, in dem es den meisten Menschen, auch den als arm definierten, materiell mehr oder weniger gut geht.«

Noch einmal: Es kann nicht darum gehen, vorhandene Armut klein zu reden oder die Augen vor ihr zu verschließen. Das Gegenteil ist nötig. In diesem Buch werden viele Menschen zu Wort kommen, die sich der Bekämpfung von sozialer Not und kultureller Armut verschrieben haben. Doch die Angst vor der eigenen Armut sollte nicht zur Standardausrede werden, man müsse sich erst einmal um das eigene Fortkommen kümmern, bevor man sich für andere engagieren kann. Der ganz überwiegende Teil unserer Gesellschaft hat die Ressourcen zu geben. Wir müssen sie nur aktivieren und aufhören, immer auf die anderen oder den Sozialstaat zu schauen. Der zum linken Flügel der Grünen gehörende Tübinger Bundestagsabgeordnete Winfried Herrmann hat im »Schmarotzerstreit« das Kennedy-Zitat hervorgekramt: »Frage nicht was dein Land für dich, sondern was du für dein Land tun kannst.« Das mag dem routinierten Beobachter des politischen Geschehens wenig originell vorkommen und nicht mehr als ein zynisches Lächeln hervorlocken. Das Zitat ist dadurch nicht weniger wahr oder zeitgemäß. Wer mag kann ja den Begriff »Land« durch »Gemeinschaft« ersetzen. Nüchtern betrachtet haben wir nämlich keine Alternative, als das zynische Lächeln einzustellen und mit dem Geben zu beginnen.

Der Kindermädchenstaat

Die Zeit, in der das Wünschen noch geholfen hat, ist für immer vorbei. Das Wünschen ging auf Kosten der Zukunft. Diese Zukunft hat längst begonnen. Die Reform des Sozialstaates wird noch mehrere Regierungen verschleißen. Es wird weiter darüber gestritten werden, was sozial gerecht heißt. Doch mittelfristig gibt es keine Alternative: Wir müssen uns von dem verabschieden, was auch liberale Amerikaner den »nanny-state« nennen, den Kindermädchenstaat. Falls nicht werden wir in der Schuldenfalle verenden. Und jede weitere Verzögerung wird sich teuer rächen.

Dieses Buch ist kein Plädoyer für die Abschaffung des Sozialstaates. Die staatliche Grundsicherung für die tatsächlich Bedürftigen ist Konsens und dies wird auch so bleiben. Doch die

Zivilgesellschaft kann sich vieler sozialer Probleme besser annehmen als ein bürokratisches Transfersystem, das ohnehin vor der Pleite steht. Die Linkspartei ist ein letzter Reflex des »gefräßigen Unsozialstaates«. Sie wird dessen Untergang nicht aufhalten können. Der Kindermädchenstaat hat seine Chance gehabt. Er hat sozialen Mangel lange genug verwaltet. Die Bilanz fällt eindeutig aus. Das Kindermädchen ist überfordert. Die Eltern sind gefragt.

Wir haben die Verantwortung für alle Probleme an den Staat delegiert. Das war bequem, aber uneffizient. Es ist an der Zeit, dass die Menschen in Deutschland das Soziale wieder zu ihrer eigenen Sache machen und eine Kultur der neuen Bürgerlichkeit entwickeln. Als Bürger oder Unternehmer, mit ehrenamtlicher Arbeit oder Spenden, im Kleinen wie im Großen. Viele Antworten auf die großen Probleme finden wir in der kleinen Einheit. Subsidiarität ist eines der Grundprinzipien unseres Gemeinwesens. Die kleinste Einheit im Staate, die eine Aufgabe erledigen kann, soll sich ihrer auch annehmen. Das heißt Vorrang für die Eigenverantwortung und Vorrang für die freie gesellschaftliche Initiative, die miteinander in Wettbewerb um die beste Idee und die beste Umsetzung treten sollen. Hier könnte der Schlüssel zur Revitalisierung unseres von sich selbst entfremdeten Gemeinwesens liegen. Das Subsidiaritäts-Prinzip, konsequent angewendet, hat nämlich einen entscheidenden Vorteil: Es schafft wieder Nähe. Die ist dringend nötig und zwar in doppelter Hinsicht. Zum einen sind politische und bürokratische Entscheidungen heute für die Menschen oft nicht mehr transparent und damit auch nicht mehr akzeptiert. Zum anderen ist aber auch für die Bürger die Tragweite ihrer eigenen Handlungen nicht mehr klar erkennbar, zum Beispiel die weit verbreitete Nehmermentalität in einem völlig undurchschaubar gewordenen Gesundheitssystem.

Viele Akteure der Zivilgesellschaft, insbesondere ihre öffentlichen Vertreter, betonen immer wieder: Mehr Engagement der Bürger darf nicht heißen, dass der Staat aus seiner Verantwortung entlassen wird. Alles Engagement soll »ausschließlich Zusatznutzen bringen«. Das ist im Grundsatz vielleicht richtig, aber auch ein wenig inkonsequent und verlogen. Der Staat bleibt in der Gewährleistungspflicht für die elementaren sozialen Rechte. Auch der Schwächste muss die Mittel haben, ein würdiges Leben zu führen. Dies ist übrigens nicht nur gesellschaftlicher Konsens, sondern auch Verfassungsgebot. Doch der Staat hat sich nun mal auf sehr viele Terrains vorgewagt, auf denen er nichts zu suchen hat, das Prinzip der Subsidiarität mit Regelungswut und Allmachtsfantasien unterlaufen und damit die Bereitschaft und Fähigkeit der Menschen zu Selbsthilfe und Solidarität erdrückt. Unsere Vollkaskomentaltität zur Absicherung aller Lebensbereiche hat neben hohen Steuern einen zusätzlichen Preis: Die volle Abhängigkeit.

Von dummen und klugen Egoisten

Und dennoch: Es mehren sich die Zeichen, dass die Lage zwar ernst aber nicht hoffnungslos ist. »Die Gesellschaft ist wieder in, man fragt sich wieder nach sozialem Zusammenhalt und sozialer Verantwortung«, schreibt der Historiker Paul Nolte in seinem Bestseller »Generation Reform«. Er identifiziert zwei Pole dieser neuen Debatte. Erstens sei die soziale Ungleichheit wieder zu einem Thema geworden und Armut, Reichtum und Klassenschichtung könnten wieder diskutiert werden, also im Grundsatz die Frage: Was trennt die Gesellschaft, was treibt die Gesellschaft auseinander? Zweitens beobachtet auch Nolte eine Renaissance des Gemeinsinns, des Uneigennützigen und der sozialen Bindung. Der zweite Pol der Debatte kreist also um die Frage »Was hält die Gesellschaft zusammen, welche Kräfte wirken gegen die Vereinzelung?« Paul Nolte ist überzeugt: »Die Rückkehr der Gesellschaft hat gerade erst begonnen.«

Die Zeichen, die sich mehren, werden von Menschen gesetzt, die handeln. Sie beschreiben Wege aus der Ego-Gesellschaft. Über 23 Millionen Menschen engagieren sich in Deutschland regelmäßig und mit bindender Funktion für andere: In Kirchen, Sozialverbänden, Nichtregierungs- und Hilfsorganisationen, Vereinen, informellen Initiativen, Umweltgruppen, Feuerwehr usw. Ihre Zahl wächst jedes Jahr. Die Stiftungen erleben einen Boom, Bürgerstiftungen sowieso. Erben finden sich zusammen, gesellschaftlichen Wandel zu finanzieren. Unternehmen entdecken ihre soziale Verantwortung neu und an den Schulen gewinnt der Gemeinsinn wieder deutlich an Stellung.

Diese neue Kultur der Großzügigkeit baut auf das freiwillige Engagement aller, die verstanden haben, dass dieses Engagement das eigene Leben bereichert. Sie baut aber auch auf Achtung für denjenigen, der gibt. In den USA gibt es für eine kleinere Spende einen Anstecker, für eine mittlere eine goldene Urkunde und für eine große einen Orden vom Gouverneur. Uns erscheint das übertrieben. Man spendet ja schließlich nicht, um sich selbst darzustellen. Falsch. Es gibt viele Motive für das Geben. Eines davon ist Eitelkeit und diese ist legitim. Wenn ein Mäzen sich mit einer Großstiftung ein wenig inszenieren und über seinen Tod hinaus in Erinnerung bleiben möchte, dann sei ihm das gegönnt. Hauptsache, er gibt für einen guten Zweck.

Die Triebfeder des Kapitalismus ist der Egoismus. Wettbewerb und Leistung, das hat die Geschichte des 20. Jahrhunderts eindeutig entschieden, bilden die zurzeit einzig praktikable Basis für ein ökonomisch funktionierendes Gemeinwesen. Doch Eigensinn und Gemeinsinn müssen eine neue Balance finden. Der Gemeinsinn kann sich hierbei den Eigensinn zu Nutze machen, denn beide Prinzipien schließen sich keineswegs aus. Der Berliner Autor und »freie Philosoph« Wilhelm Schmid unterscheidet zwischen »dummem und klugem Egoismus« – und er warnt die Eigensinnigen vor der eigenen Kurzsichtigkeit: »Wer ausschließlich sich selbst betrachtet, hat keine Freunde, findet keinen

Partner, macht keine Karriere. Kluge Egoisten hingegen begreifen, dass sie andere Menschen brauchen. Wirklich reich im Leben werden wir nie durch uns selber, nur durch andere. Deshalb ist es kluger Egoismus sich an andere Menschen, das heißt aber auch an andere Werte zu binden.« Nehmen ohne zu brauchen ist dummer Egoismus. Geben ohne zu müssen ist die klügere Variante. Fangen wir damit an.

2. Die Biologie der Tugend – Großzügigkeit liegt in unserer Natur

Während die Menschen in der Zivilisation fortschreiten und kleine Stämme in größere Einheiten verschmelzen, sagt ihnen die Vernunft, dass sie ihre sozialen Instinkte und Sympathien auf alle Menschen ausdehnen sollten, selbst wenn sie persönlich nicht mit ihnen bekannt sind.

Charles Darwin

Der gute Affe

Der Alltag der ersten Menschen in der ostafrikanischen Savanne war geprägt vom Überlebenskampf. Die stärkere Rotte setzte sich gegen die schwächere durch. Innerhalb des eigenen Sozialverbandes stieg immer der Stärkste an die Spitze – und vermehrte sich am häufigsten. Über Tausende Generationen brannte sich diese Erkenntnis in das menschliche Erbgut ein. Wir wissen heute, dass Aggression und Egoismus ein Erbe der evolutionären Selektion ist – angelegt, die Spezies Mensch zu erhalten und voranzubringen. Dabei übersehen wir oft: Die Großzügigkeit liegt ebenfalls in unserer Natur. Hierzu ein kurzer Ausflug in die Welt unserer biologisch nächsten Verwandten.

Azalea kam den Pflegern im Primatenzentrum von Wisconsin schon gleich nach der Geburt etwas verstört vor. Das Rhesusaffenkind bewegte sich langsam, sein Blick war leer. In den folgenden Monaten machte es kaum Fortschritte. Die Altersgenossen lernten spielerisch die Regeln des Affenlebens. Azalea klammerte sich immer ängstlich an die Mutter. Ein Gentest ergab: Im Erbgut des Affenbabys lag – ähnlich wie bei mongoloiden Menschen – ein bestimmtes Chromosom nicht doppelt, sondern dreifach vor. Die Pfleger ahnten nichts Gutes. Im Reich der wilden Tiere gelten bekanntlich grausame Regeln. Tiere mit Behinderung werden meist von der Horde verstoßen oder gar direkt von den eigenen Artgenossen getötet. Die Sorge war unbegründet. Die Affengemeinde von Wisconsin akzeptierte Azalea nicht nur, sondern behandelte sie besonders fürsorglich. Verwandte und fremde Affen kraulten und pflegten ihr doppelt so oft das Fell wie gesunden Artgenossen. Der niederländische Verhaltensforscher Frans de Waal beobachtete, dass Azaleas große Schwester sich sogar immer wieder schützend vor das hilfsbedürftige Affenkind stellte und Artgenossen abstrafte, die Azalea unfreundlich gesinnt waren. Aus dieser und vielen anderen Beobachtungen, bei denen sich Affen scheinbar selbstlos verhalten haben, leitet de Waal eine provozierende These ab: Moral und Ethik sind älter als der Mensch. Die Tugend liegt in den Genen verankert und ist in den Grundzügen bereits bei Affen angelegt. Schimpansen trösten, leisten den Schwachen Beistand und teilen ihr Futter mit denen, die hungern. De Waal fasst es so zusammen: »Primaten haben ein Feingefühl für Übel, das andere betrifft.« Menschen und Schimpansen verfügen zu 97,4 Prozent über die gleichen Gene.

Ob moralisch korrektes Verhalten von hoch entwickelten Primaten auf der Basis von Gefühlen oder gar bewusst abläuft, wie de Waal impliziert, ist unter Verhaltensforschern umstritten. Fest steht: Instinkte lassen sozial lebende Tiere auch niederer Entwicklungsstufen häufig im Dienste des Gemeinwohls handeln. Das geht bis zur völligen Selbstaufgabe. Ein Rotkehlchen, das einen Habicht im Anflug bemerkt, duckt sich und stößt einen bestimmten Pfiff aus. Mit dem warnt es zum einen die Artgenossen. Gleichzeitig lenkt es aber auch die Aufmerksamkeit des Raubvogels auf sich und landet mit hoher Wahrscheinlichkeit in dessen Schnabel. Gleiches geschieht in Tansania. Ein Hundsaffe warnt mit unterschiedlichen Schreien die anderen, je nachdem, ob sich die Gefahr gerade auf dem Boden nähert – etwa in Gestalt eines Leoparden – oder ob aus der Luft durch fliegende Feinde. Dabei setzt auch der schreiende Hundsaffe sein Leben aufs Spiel. Die Warner unter Rotkehlchen und Hundsaffen haben immerhin noch eine theoretische Überlebenschance durch eine verspätete Flucht. Die Krieger von Ameisenkolonien ergreifen nie die Flucht, sondern kämpfen immer bis zum Tod. Auch die nackte Maulwurfsratte stirbt unweigerlich, wenn sie zum Schutz der Sippe mit ihrem Körper den Tunnel verstopft, in den eine Schlange eingedrungen ist. Die Liste altruistischer Verhaltensmuster in der Natur ließe sich noch lange fortsetzen.

Seit Darwin wissen wir, dass scheinbar selbstloses Verhalten in der Natur nichts mit bewusster Selbstlosigkeit des Individuums zu tun hat (eventuell mit Ausnahme der Menschenaffen), sondern ein Ergebnis der evolutionären Selektion ist. Arten, die wie Rotkehlchen einen Instinkt zum Warnschrei entwickeln, haben im Verdrängungswettbewerb um Lebensraum und Ressourcen bessere Überlebenschancen. Der Altruismus der Arterhaltung findet über die Generationen Eingang ins genetische Programm der Spezies. Ein Hundsaffe kann gar nicht anders als schreien, wenn er den Leoparden sieht. Er schreit auch, wenn seine Horde nicht in der Nähe ist oder er von seinen Artgenossen getrennt von Menschen aufgezogen wurde.

Doch was hat instinktiver Gemeinsinn unter Tieren mit vom Willen gesteuertem Altruismus des Menschen gemein? In die Antworten auf diese Frage ist in den letzten Jahrzehnten erhebliche Bewegung geraten. Die Gattung Mensch hat schon immer ein großes Bedürfnis gezeigt, sich vom Instinktverhalten der

»guten Tiere« zu distanzieren und zu betonen, dass Güte und Tugend eben nicht in unserer Natur liegen, sondern Produkte unserer Kultur sind. Thomas Hobbes sah im Leviathan den Menschen im ständigen Kampf gegen die eigene Natur. »Denn jene Tugenden – Gerechtigkeit, Gleichheit, Bescheidenheit, Barmherzigkeit, kurz, alles was mit dem Satz zusammengefasst werden könnte: Handle deinem Mitmenschen gegenüber so, wie du wünschest, dass auch an dir gehandelt werde – laufen unseren natürlichen Trieben zuwider; denn diese führen uns ohne Zwang einer höheren Gewalt zu Parteilichkeit, Stolz, Rachsucht und dergleichen.« Auch Sigmund Freud glaubte, dass die Biologie dem Menschen vor allem den Egoismus mit auf den Weg gegeben hat. Konrad Lorenz erkannte im Menschen ein besonders bösartiges Tier. Der schnelle Übertrag von Verhaltenmustern aus der Tierwelt auf das sozial komplexe Wesen Mensch fällt in der Regel platt aus. Wenn unfruchtbare Kriegerameisen bis in den Tod kämpfen, um die fruchtbare Königin zu retten, dann reagieren sie auf bestimmte Reize, wie es ihre DNS ihnen befiehlt. Das sagt freilich wenig bis gar nichts über das menschliche Miteinander aus.

»Damit ist aber nicht gesagt, dass Tier-Altruismus und Menschen-Altruismus nichts miteinander zu tun haben«, wendet der US-amerikanische Publizist Morton Hunt ein. Er formuliert die Frage einfach um: Hat der menschliche Altruismus eine genetische Basis, die erworben wurde, weil der Altruismus – wie für Rotkehlchen, Hundsaffen oder Maulwurfsratten – für den Menschen ein Überlebensfaktor ist? Mit anderen Worten: Hat die Evolution auch in den genetischen Code des Menschen die Formel eingetragen, dass sich uneigennütziges Handeln lohnt? Genau hierfür mehren sich spätestens seit den achtziger Jahren die Zeichen in verschiedenen wissenschaftlichen Disziplinen.

Das Altruismus-Gen

Neodarwinisten und Soziobiologen sprechen immer wieder von einem Altruismus-Gen. Dieser Begriff ist fragwürdig. Wir besitzen Millionen von Genen. Es ist schwer vorstellbar, dass ein einziges Gen für das Edle, Hilfreiche und Gute zuständig ist, das uns nach Goethe von allen Wesen trennt, die wir sonst kennen. Meint der Begriff allerdings die Summe der Veranlagungen, die Menschen in die Lage versetzen, auf die Not anderer edel, hilfreich und gut zu reagieren, macht er durchaus Sinn. Morton Hunt sieht den wichtigsten Hinweis auf die Existenz einer altruistischen Gendisposition im Verhalten von kleinen Kindern. Psychologen gingen lange davon aus, dass Kinder bis zum Alter von sechs oder sieben Jahren kein selbstloses Handeln kennen, weil ihnen bis dahin die Fähigkeit fehle, sich in andere Menschen hineinzudenken und damit mit ihnen mitzufühlen. Dies würde bedeuten, dass die Empathie, also die Fähigkeit, sich in die Gefühlswelt eines anderen Menschen zu versetzen, eine rein kulturelle Leistung ist, und keine genetisch veranlagte Fähigkeit des Homo sapiens. Dahinter ist ein großes Fragezeichen zu setzen.

Es bedarf sicher keiner wissenschaftlichen Beweise dafür, dass es in den Kinderzimmern von Egoisten nur so wimmelt. Doch in den siebziger Jahren belegten erste Studien am *Institute of Mental Health* in Bethesda bei Washington D.C., dass auch Kleinstkinder schon gute Menschen sind – oder es zumindest sein können. Bereits Einjährige zeigen Zeichen der Bekümmerung, wenn die Mutter weint. Einige versuchen sich mit Gesten zum Trösten. Aktuelle Studien am Max-Planck-Institut für Evolutionäre Anthropologie in Leipzig beweisen, dass bereits Einjährige Erwachsenen helfen wollen. Im Laborversuch spielen die Forscher dabei den Babyprobanden ein kleines Schauspiel vor. Forscher Nummer eins hantiert vor den Augen des Kindes mit einem Gegenstand, der für das Kind uninteressant ist, zum Beispiel einem Locher. Dann verlässt er den Raum. Forscher Nummer zwei versteckt den Locher unter einer Schachtel und geht ebenfalls hinaus. Forscher eins kommt wieder herein und beginnt, irritiert im Raum herumzuschauen. Etwa 20 Prozent aller ein- bis anderthalbjährigen Kinder zeigen in dieser Situation mit dem Finger auf die Schachtel.

Nun könnte man einwenden, dass dies bereits sozial erlerntes Verhalten ist. Schließlich werden Einjährige seit einem Jahr getröstet, wenn sie selbst weinen. Und wenn sie nach etwas suchen oder schauen, deuten die Eltern in die Richtung. Kleinkinder könnten dieses Verhalten bereits sehr früh kopieren. Der Sozialpsychologe Martin L. Hoffman berichtete jedoch von interessanten Ergebnissen eines Versuchs mit Neugeborenen an der *City University* in New York. Säuglinge weinen bereits an ihrem ersten und zweiten Lebenstag mit, wenn sie andere Kinder weinen hören. Dabei stört sie nicht der Lärm im Nachbarbettchen. Spielte Hoffmann den Babys ein gleich lautes Rauschen oder eine Bandaufnahme vom eigenen Weinen vor, zeigten sie keine oder zumindest weniger Reaktion. »Einfühlungsaktivierung« nennt Hoffman die Reflexreaktion auf den Kummer von anderen Kindern. Vieles deutet darauf hin: Die Einfühlungsaktivierung ist eine angeborene Reaktion, aus der sich später die Fähigkeit entwickelt, mit anderen Menschen mitzufühlen. Beim Säugling ist ein genetisches Rohmaterial vorhanden, auf dessen Basis sich durch die Sozialisation das Einfühlungsvermögen des Menschen für andere – und in der Folge ethisches Verhalten – entwickelt.

Auch vergleichende Untersuchungen über die Entwicklung der Empathie bei Kindern aus verschiedenen kulturellen Umfeldern lassen aufmerken. Kinder aus sehr unterschiedlichen sozialen Schichten in den USA, Frankreich oder der Elfenbeinküste reagieren im gleichen Alter sehr ähnlich auf den Kummer anderer. Die spontane Reaktionsgeschwindigkeit von Erwachsenen auf Menschen in Notlagen sollte ebenfalls zu denken geben. Fünf bis zehn Sekunden brauchen Menschen in der New Yorker U-Bahn, bis sie einem gebrechlich wirkenden Mann mit Stock nach einem (simulierten) Zusammenbruch zur Hilfe kommen. In Botswana brauchen Mütter genauso lange, um auf das Schreien ihrer Babys zu reagieren. Morton Hunt folgert: »Bei den experimentellen Notfällen sollte man eigentlich erwarten, dass die unbeteiligten Zuschauer Zeit brauchen, um die ungewohnte Situation zu erfassen, zu überlegen, ob sie helfen sollen oder nicht, und zu entscheiden, was zu tun ist. Aber bestimmte Notsignale scheinen alles über den Haufen zu werfen und direkt tiefere Schichten des Nervensystems anzusprechen.« Hierauf deuten auch neue neurobiologische Untersuchungen an der *David Geffen School of Medicine* in Kalifornien hin. Die Bedeutung der Empathie kann entwicklungsgeschichtlich kaum überschätzt werden. Der Direktor des Leipziger Max-Planck-Instituts für Evolutionäre Anthropologie, Michael Tomasello, sieht in der Fähigkeit der sozialen Kognition – sich in andere hineinversetzen zu können – die entscheidende Geistesleistung des Menschen. Durch sie konnte der moderne Mensch binnen 250 000 Jahren Sprache, Schrift und klassische Musik, Metallverarbeitung, Windmühlen und Nanotechnologie hervorbringen. Die Fähigkeit zum Mitgefühl hat nach Einschätzung der meisten Wissenschaftler, die sich mit Altruismus beschäftigen, beim Herausbilden der komplexen sozialen Interaktionen, eine wichtige, wenn nicht die tragende Rolle gespielt.

Hinweise für die Erblichkeit der Großzügigkeit liefert auch die Zwillingsforschung. Eineiige Zwillinge besitzen identisches Erbgut. Abweichendes Verhalten kann also nicht genetisch bedingt sein, sondern seine Ursache ausschließlich in der sozialen Prägung haben. Bei zweieiigen Zwillingen hingegen stimmt (wie bei gewöhnlichen Geschwistern) nur rund die Hälfte der Gene überein. Vergleicht man das Verhalten von eineiigen Zwillingen systematisch mit dem von zweieiigen, lassen sich hieraus statistische Schlüsse über den Einfluss der Gene auf das menschliche Verhalten ziehen. Der Psychogenetiker J. Philippe Rushton von der *University of Western Ontario* hat mit diesem Ansatz das altruistische Engagement von Zwillingen untersucht. Er entwickelte Anfang der achtziger Jahre einen Fragebogen, der spontane Hilfsaktionen wie das Anschieben von Autos bis hin zu regelmäßigem Helfen im Ehrenamt qualitativ und quantitativ erfasste und verschickte sie an rund 600 Zwillinge, von denen jeweils die Hälfte ein- beziehungsweise zweieiig war. Das Ergebnis war frappierend. 50 Prozent des gemessenen altruistischen Verhaltens war den Genen geschuldet. Nur die Hälfte ging nach statistischem Befund auf das Konto von Erziehung und Umwelt. Rushton wurde in den neunziger Jahren stark kritisiert, die unterschiedliche genetische Disposition ethnischer Zugehörigkeiten stark zu überschätzen und damit – gewollt oder ungewollt – eine wissenschaftliche Begründung für den Rassismus zu liefern. Ein großer Teil dieser Kritik ging auf das Konto der politischen Korrektheit. Die Ergebnisse seiner Altruismus-Forschung wurden bis heute nie überzeugend widerlegt.

Die »gegenseitige Selbstlosigkeit«

Die Evolution überlässt bekanntlich wenig dem Zufall, sondern funktioniert nach der Logik des Profits für Art und Individuum. Als wichtigen Faktor für den erfolgreichen Weg der Selbstlosigkeit in die DNS haben Psychologen, Soziobiologen und Verhaltensforscher ein Phänomen identifiziert, das sie »reziproken Altruismus« nennen. Vulgo könnte man das Grundprinzip der gegenseitigen Selbstlosigkeit mit »eine Hand wäscht die andere« übersetzen. Wer kooperiert, profitiert. Kooperation wird zum Kriterium der natürlichen Zuchtwahl. Aus evolutionärer Sicht gelten hier für Mensch und Tier die gleichen Regeln. Es lohnt sich zu kooperieren, wenn der Aufwand, den ich für die Hilfe betreiben muss, geringer ist als der Nutzen, den ich aus der Zusammenarbeit ziehe. Auch hier eine kurze Expedition ins Tierreich.

Gibst du mir, gebe ich dir. Dieses einfache Prinzip findet in der Natur mitunter eine sehr komplexe Ausgestaltung. Eines der spannendsten Beispiele für reziproken Altruismus entdeckte der Biologe Gerald Wilkinson in Costa Rica. Mittelamerikanischen Vampirfledermäusen gelingt es bei ihren nächtlichen Streifzügen nicht immer, ein größeres Opfer zu finden, von dessen Blut sie trinken können. Alte Fledermäuse verstehen ihr Handwerk besser. Nur jede zehnte Nacht gehen sie leer aus. Unerfahrenen Artgenossen gelingt es hingegen oft nur in jeder zweiten Nacht, einem Säugetier Blut abzunehmen. Bleiben Vampirfledermäuse zwei Nächte in Folge ohne Beute, wird es lebensgefährlich. Nach sechzig Stunden ohne fremdes Blut verhungern sie. Vom ständigen Hungertod bedroht, haben die Fledermäuse die Angewohnheit entwickelt, immer mehr Blut als nötig zu saugen, wenn sie die Gelegenheit dazu haben. Den Überschuss können sie herauswürgen und einem Artgenossen spenden, der kein Jagdglück hatte. Die besten Jäger stehen dabei in der Gefahr, systematisch ausgenutzt zu werden. Eigentlich müsste Großzügigkeit eher die Ausnahme sein als die Regel. Damit Geben und Nehmen aber in einem fairen Verhältnis bleiben, haben Vampirfledermäuse ein erstaunlich gutes Gedächtnis entwickelt, welches Tier sich spendabel zeigt und welches nicht. Beobachter Wilkinson konnte nachweisen, dass großzügige Fledermäuse bevorzugt behandelt werden, wenn sie selbst in einer Blutnotlage sind. Zudem verfügt die Spezies über einen raffinierten Kontrollmechanismus, Schmarotzer zu enttarnen. Vampirfledermäuse putzen sich gegenseitig, indem sie sich das Fell ablecken. Mit besonderer Sorgfalt geschieht das in der Magengegend. Ein gut gefüllter Bauch bleibt der Gruppe somit nie verborgen. Für Vampirfledermäuse gilt daher das Gleiche wie für Verkäufer bei eBay: Es lohnt sich materiell, sich im Laufe der Zeit einen guten Ruf zu erarbeiten. Mit den allzu Cleveren möchte niemand zusammenarbeiten, denn ihnen kann man nicht trauen. Schimpansen können schwindeln. Sie machen das aber selten, weil sie auf ihren Ruf in der Horde bedacht sind. Denn auch Primaten erstellen ein Soll und Haben gegenseitiger Gefälligkeiten. Sie geben gerne etwas von ihrem Futter ab, vorausgesetzt der bettelnde Artgenosse hat ihnen kurz zuvor das Fell gelaust. Falls sich zwei Schimpansen regelmäßig gegenseitig kraulen, wird auch dann geteilt, wenn die letzte Kraulsession schon einige Stunden zurückliegt.

Lässt sich hieraus eine genetische Veranlagung zur Großzügigkeit ableiten? Der Evolutionsbiologe Robert Trivers, der den Begriff des reziproken Altruismus prägte, beantwortet diese Frage mit einem klaren Ja. In den letzten fünf Millionen Jahren hat seiner Einschätzung nach »eine scharfe Selektion zugunsten der Entwicklung reziprok altruistischer Verhaltensweisen stattgefunden«. Stämme, die besser kooperierten, setzten sich langfristig durch. Es nützt einer Gruppe, wenn sich in ihr eine bestimmte Anzahl von Menschen befindet, die kooperativ handeln. Um es auf den Punkt zu bringen: Reziproker Altruismus ist verkappter Egoismus.

Der Selbstlose hilft, weil er sieht, dass Hilfe nötig ist, und nicht weil er profitieren möchte. Die Geschichte der Menschheit ist voll von Beispielen für wahren Altruismus. Vieles spricht allerdings dafür, dass der wahrhaft selbstlose Mensch »Opfer« von Gefühlen ist, die sich in der Natur zu einem anderen Zweck herausgebildet haben. Der biologische Kern des Gebens ist der weitsichtige Eigensinn. Blutspender, diesmal sind Menschen und nicht Fledermäuse gemeint, geben ihr Blut dem Roten Kreuz kostenlos. Sie kommen auch auf keine Liste, die sie im Fall einer nötigen Bluttransfusion zu bevorzugter Behandlung berechtigt. Der einzelne Spender hat also kein rationales Interesse, die Unannehmlichkeiten des Blutspendens auf sich zu nehmen. Reicht die Einsicht, dass keine Bluttransfusionen mehr möglich wären, wenn alle zu bequem zum Spenden wären? Bei vielen Menschen ist das sicherlich so. Doch gerade bei Blutspendern ist eines auffällig: Sie teilen gerne beiläufig mit, dass sie gerade mal wieder »zur Blutspende waren«. Dafür bekommt keiner das

Bundesverdienstkreuz und das erwartet natürlich auch niemand. Doch das Prinzip »Tue Gutes und rede darüber« ist keine Erfindung amerikanischer Promi-Berater, sondern ein uraltes Signal an die Umwelt: Schau her, ich bin ein guter Kooperationspartner.

Der rationale Narr und das Ego-Gen

Wer kooperieren möchte, muss Vertrauen schaffen. Der indische Wirtschaftsnobelpreisträger Amartya Sen nennt den Egoisten einen »rationalen Narren«, der die langfristige Tragweite seines Handelns nicht bedenkt. Auch hierfür gibt es in der Natur viele Belege – und in der Soziobiologie einen schlüssigen Erklärungsansatz, warum die Natur den oberflächlich betrachtet irrationalen Geber bevorzugt: Die Verwandtenselektion.

Meerkatzen entscheiden sich immer wieder, keine eigenen Nachkommen in die Welt zu setzen, sondern lieber die Kinder ihrer Geschwister großzuziehen. Verschiedene Möwenarten verzichten auf Nachwuchs, wenn das Nahrungsangebot knapp wird – zugunsten des Nachwuchses der Population. Diese Form der Selbstlosigkeit kommt in der Natur häufiger vor, wenn enge Verwandtschaftsbeziehungen innerhalb des Artenverbandes bestehen. Der Evolutionsbiologe Richard Dawkins macht hierfür »egoistische Gene« verantwortlich. Dawkins Grundidee ist radikal und bestechend. Er sieht nicht Individuen oder Arten im Überlebenskampf, sondern deren Gene. Schließlich kann ja auch nicht das Lebewesen in die nächste Generation übergehen, sondern nur eine mehr oder weniger willkürliche Auswahl seiner genetischen Anlagen. Mit anderen Worten: Es sind die Gene, die im Wettstreit um ihre Verteilung in der nächsten Generation stehen. Im Erbgut ist eingeschrieben, die eigenen Gene so oft wie möglich zu kopieren und andere Gene zu verdrängen. Hierauf führt Dawkins die gesamte biologische Entwicklung zurück – inklusive altruistischer Verhaltensweisen.

Die Meerkatze, die den Nachwuchs ihrer Verwandten großzieht, hat davon selbst keinen Vorteil. Die Jungen werden sie später nicht in besonderer Weise unterstützen. Alleine aus genetischer Sicht ist es für die scheinbar altruistische Meerkatze interessant, die Neffen und Nichten großzuziehen. Das eigene Kind trägt rund 50 Prozent des Erbgutes der Eltern. Die Kinder der Geschwister immerhin noch 25 Prozent. Sichert eine Möwe drei Neffen oder Nichten das Überleben, schaffen mehr eigene Gene den Sprung in die nächste Generation als bei einem eigenen Nachfahren. Die Grundregel des egoistischen Gens lautet deshalb: Rettet mein Tod mehr als zwei Geschwistern oder acht Cousins das Leben, geht die genetische Saldorechnung auf. Und dies ist eben nicht nur bei Möwen so, sondern auch bei Menschen. Über die Generationen dürfte deshalb auch die Verwandtenselektion – analog zu einer genetischen Codierung der Kooperation – den Altruismus in unser Erbgut eingeschleust haben.

Kritiker von Dawkins wenden an dieser Stelle ein, dass egoistische Gene eventuell noch das Geben unter Verwandten erklären könnten, aber nicht die Hilfe gegenüber Fremden. Nun behaupten auch die dogmatischsten Soziobiologen nicht, dass Altruismus beim Menschen keine kulturelle Komponente hätte. Die Vorstellung wäre in der Tat deprimierend, dass der Mensch nicht mehr als ein Befehlsempfänger seiner egoistischen Erbstruktur aus Nukleinsäuren und assoziierten Proteinen ist, die sich in die nächste Generation zu retten versucht. Doch allen Idealen der »einen Welt« und universellen Solidarität zum Trotz: Es lässt sich nicht leugnen, dass Menschen dazu neigen, anderen eher zu helfen, wenn sie ihnen ähnlich sind. Der Verdacht liegt nahe, dass die Verwandtschaftsselektion den Verwandtenkreis im Laufe der Evolution immer weiter ausgedehnt hat. Vielleicht ist Hilfe für Fremde aber in der Tat bislang ausschließlich eine kulturelle Errungenschaft. »Menschen können sich gute Lösungen ausdenken, ohne genetische Möglichkeiten abwarten zu müssen, und sie ihren Kindern und Nachbarn vermitteln«, formuliert der Paläontologe Stephen Jay Gould. Hierin, und vor allem hierin, unterscheidet sich der Mensch vom Tier. Dennoch wäre es naiv zu glauben, dass allein der Egoismus ein Erbe der Natur ist, das Selbstlose aber eine Erfindung der Kultur. Milliarden Jahre genetischer Evolution haben in uns die Bereitschaft zu geben angelegt. Es ist zu einem Teil unseres Instinktverhaltens geworden. Der Gedanke mag uns sympathisch sein oder nicht: Die genetischen Wurzeln des Gebens sind nicht selbstlos, sondern auf Vorteil bedacht. Die Großzügigkeit liegt in unserer Natur, weil sie sich lohnt.

3. Geben macht glücklich – Wer sich für andere engagiert, lebt zufriedener, gesünder und länger

Moral ist das wonach man sich gut fühlt.

Ernest Hemingway

Freiwillig glücklich

Die Deutlichkeit der statistischen Auswertung überraschte auch den eingefleischten Ehrenamtlichen Doug Oman. Der Professor an der *School of Public Health* in Berkeley hatte eine Gruppe von 2000 älteren Bürgern im kalifornischen Marin County mit einem Abstand von neun Jahren über Gesundheitszustand und ehrenamtliches Engagement befragt. Das Ergebnis: Die Gruppe der Senioren, die sich freiwillig in zwei oder mehr Organisationen engagierten, wies eine um 63 Prozent geringere Sterblichkeit auf als diejenigen, die in keiner Organisation tätig waren. Der Verdacht lag freilich nahe, dass dieses Resultat zunächst wenig über einen lebensverlängernden Effekt von sozialem Engagement aussagt. Ein alter Mensch, der krank ist, kann sich weniger mit ehrenamtlicher Arbeit in die Gemeinschaft einbringen. Gleichzeitig hat er aber ein höheres Risiko, bald zu sterben. Ein genauerer Blick auf die erhobenen Daten konnte diesen Verdacht jedoch eindeutig widerlegen.

Oman bezog Alter, Geschlecht, Gesundheitszustand und chronische Krankheiten, physische Mobilität, Rauch- und Trinkgewohnheiten, Familienstand, psychische Probleme wie Depressionen sowie Religiosität in einem zweiten Schritt der Auswertung in die statistische Betrachtung ein. Die Tendenz blieb die Gleiche: In den neun Jahren lag das Risiko zu sterben bei Nicht-Ehrenamtlichen um 44 Prozent höher als bei Ehrenamtlern. Der positive Einfluss von bürgerschaftlichem Engagement auf die Sterblichkeit war damit deutlich höher als von physischer Mobilität oder regelmäßigem Sport. »Wenn sich die Ergebnisse bestätigen«, folgerte Oman noch vorsichtig, »hat Freiwilligenarbeit nicht nur das Potenzial, die Lebensqualität von Senioren zu verbessern, sondern auch die Lebenszeit von älteren Menschen weltweit zu verlängern.« Die Ergebnisse aus Marin County haben sich bestätigt – und zwar vielfach.

Menschen, die sich für andere engagieren, sind und bleiben gesünder als diejenigen, die das nicht tun. Ein Grund könnte sein: Sie sind glücklicher. Auch hierfür gibt es ausreichend empirische Belege. Erste Untersuchungen wurden in den achtziger Jahren in Miami mit Ehrenamtlern durchgeführt, die älter als 65 Jahre waren. Die Psychologinnen Kathleen Hunter und Margaret Linn fragten die freiwillig Engagierten und eine Kontrollgruppe nach ihrem subjektiven Wohlbefinden. Die Freiwilligen waren mit ihrem Leben zufriedener, zeigten einen höheren Lebenswillen, aber weniger Ängste und Depressionen. In den kommenden zwei Jahrzehnten folgten Dutzende vergleichbare Untersuchungen, die meisten in den USA. Eine Meta-Studie aus dem Jahr 1998, die insgesamt 51 Befragungen zum Zusammenhang von Freiwilligenarbeit und persönlichem Glück zusammenfasste, kam schließlich zu dem Ergebnis: 70 Prozent der freiwilligen Helfer sind mit ihrem Leben zufriedener als sozial Unengagierte.

Auch hier stellt sich wieder die Frage nach Ursache und Wirkung. Helfen Menschen, wenn sie glücklich sind? Oder macht das Geben selbst glücklich? Die erste Frage kann die empirische Psychologie schon seit langem mit einem klaren Ja beantworten. Versetzt man die gleichen Menschen unter Versuchsbedingungen in verschiedene Stimmungslagen, zum Beispiel durch einen lustigen oder durch einen traurigen Film, signalisieren sie in Fragebögen in guter Stimmung durchschnittlich eine deutlich größere Hilfsbereitschaft. Ein Ergebnis falscher Selbsteinschätzung? Nein. Lässt man die Probanden direkt nach der Befragung im Flur auf einen wissenschaftlichen Assistenten treffen, dem (fingiert) ein Karteikasten heruntergefallen ist, dann helfen die Testpersonen in guter Stimmung tatsächlich signifikant häufiger dabei, die Karteikarten wieder aufzulesen.

Bislang gibt es nicht allzu viele Untersuchungen, ob altruistisches Verhalten den Helfer auch direkt glücklich macht. Doch Schritt für Schritt kommt die boomende Glücksforschung auch in diesem Punkt voran. Sonja Lyubomirsky von der *University of California at Riverside* hat im Jahr 2005 mit ihren Studenten eine Gruppe von Probanden beauftragt, über einen Zeitraum von sechs Wochen hinweg in ihrem Leben bewusst »freundliche Handlungen« vorzunehmen. Als Beispiele für »freundliche Handlungen« wurden den Testpersonen fünfzehn Möglichkeiten vorgegeben. Einige Beispiele aus der Liste der Freundlichkeit: Einem Obdachlosen einen Whopper kaufen, Geld in die abgelaufene Parkuhr eines Fremden einwerfen, Blut spenden, einem Freund bei Hausarbeiten helfen, einen älteren Verwandten besuchen, einen Dankesbrief schreiben etc. Die Testpersonen wurden in drei Gruppen aufgeteilt, die über einen Zeitraum von sechs Wochen beobachtet wurden. Die erste sollte über die sechs Wochen hinweg, wenn möglich, alle freundlichen Handlungen für andere unterlassen. Gruppe zwei sollte jeweils fünf freundliche Handlungen aus der Liste konzentriert an einem Tag pro Woche durchführen, also im Verlauf der sechs Wochen sechs Mal fünf

Freundlichkeiten an einem bestimmten Tag schenken. Gruppe drei sollte ebenfalls pro Woche fünf freundliche Handlungen durchführen, diese aber auf die gesamte Woche verteilen, was ungefähr dem durchschnittlichen Lebensstil entspricht. Parallel mussten die Probanden regelmäßig ihre Lebenszufriedenheit auf eine Skala von 1 (nicht sehr glücklich) bis 7 (sehr glücklich) einschätzen. Die Zufriedenheit der Gruppe der Nicht-Helfer sank signifikant im Laufe des Versuchs. Gruppe Nummer drei bemerkte kaum Veränderungen im subjektiven Lebensglück. Die Zufriedenheit der Probanden, die an einem Tag pro Woche bewusst und viel helfen mussten, stieg sehr deutlich an.

In einer anderen Studie Lyubomirskys mussten 100 Testpersonen über einen Zeitraum von zehn Wochen neun »freundliche Handlungen« begehen. 100 andere sollten ihren persönlichen Lebensstil unverändert fortführen. Diesmal wurde die Lebenszufriedenheit nicht nur während des Versuchszeitraums gemessen, sondern auch ein Monat nach dessen Ende. Während des Versuchs stieg die Lebenszufriedenheit der Helfer von durchschnittlich 5,1 Punkten auf der Glücksskala auf fast 5,4 Punkte an. Das subjektive Glück der Kontrollgruppe stagnierte. Besonders erstaunlich: Die Anleitung zur Freundlichkeit hatte auch einen nachhaltigen Effekt. Die Zufriedenheit der Helfer war auch ein Monat nach Abschluss der Studie nur sehr leicht gesunken und deutlich über dem Ausgangsniveau. Für diesen stabilen statistischen Befund haben die Forscher aus Riverside sieben psychologische Gründe ausgemacht. Freundliche Handlungen …

1. fördern eine freundlichere Wahrnehmung von anderen und der Gemeinschaft, in der man lebt,
2. schaffen vorteilhafte soziale Vergleiche,
3. verringern Schuldgefühle für das Unglück anderer,
4. erhöhen das Gefühl von Zugehörigkeit und Zusammenarbeit,
5. geben ein gutes Gefühl der Großzügigkeit,
6. schaffen Freundschaft und bringen Dankbarkeit,
7. schaffen »prosoziale Reziprozität«.

Tiefeninterviews mit Menschen, die sich für andere engagieren, kommen zu ähnlichen Ergebnissen. Freiwillige Helfer in karitativen Einrichtungen berichten, dass es ihr Leben bereichert, anderen zu helfen und sie deshalb zufriedener sind bzw. werden. Der Grund: Das Geben hat zahlreiche positive Nebeneffekte, die sich addieren und das persönliche Glücksempfinden begünstigen. Wer in einer Organisation oder auch privat anderen hilft, hat zwangsläufig mehr Kontakt zu anderen und ist damit stärker sozial vernetzt. Wer sich mit den (größeren) Problemen anderer beschäftigt, hat weniger Zeit, sich mit den eigenen (kleineren) Problemen auseinanderzusetzen oder bekommt sehr direkt vor Augen geführt, dass die Unbill des Alltags, die für so viel Verdruss sorgt, im Vergleich zu echter Not vielleicht doch nicht so ernst zu nehmen ist. Helfer haben das Gefühl, etwas Sinnvolles zu tun. Auch haben sie subjektiv (und das ist meist auch objektiv der Fall) den Eindruck, effektiver mit ihrer eigenen Zeit umzugehen. Langeweile ist für sozial engagierte Menschen kein Problem. Sie können ihre Kompetenzen einbringen und neue Fähigkeiten erwerben. Damit steigen Selbstachtung und Selbstwertgefühl.

Dies mögen keine überraschenden Erkenntnisse sein. Schon für Aristoteles lag wahres Glück in der Tugend. Der glückliche Mensch war der moralische Mensch. Doch wie die Glücksforschung mittlerweile eindrücklich belegen kann, ist diese Einsicht zu vielen Menschen in den reichen Industrieländern abhanden gekommen. Und dies just zu einem historischen Zeitpunkt, an dem die materielle Situation von fast allen es eigentlich zulassen würde, sich etwas weniger um das eigene Fortkommen zu kümmern.

Die hedonistische Tretmühle

»Geld ist besser als Armut, und sei es nur aus finanziellen Gründen«, sagt Woody Allen. In Witzen steckt bekanntlich oft ein Stück Wahrheit, so auch in diesem. Armut macht unglücklich. Geld trägt in wohlhabenden Ländern hingegen nur sehr wenig zu einer zusätzlichen Zufriedenheit der Menschen bei. 53 Prozent der Deutschen glauben nach einer Studie des GfM-Getas-Instituts hartnäckig daran, dass Geld glücklich macht. Sind die Annehmlichkeiten und Sicherheiten des Lebens in der Mittelschicht erreicht, trifft eher das Gegenteil zu. Die meisten US-Glücksforscher setzen die Grenze, ab der Geld keinen oder nur noch wenig Einfluss auf die subjektiv gefühlte Zufriedenheit hat, zwischen 20 000 und 30 000 Dollar Netto-Jahreseinkommen an. Dass Reiche oft unglücklich sind, weiß nicht nur die Boulevardpresse. Die Spitzenverdiener führen, das hat eine Studie der *London School of Economics* ergeben, in Großbritannien mit weitem Abstand die Liste der Depressiven und Selbstmörder an.

In den USA, Europa und Japan hat sich das durchschnittliche Einkommen in den letzten fünfzig Jahren inflationsbereinigt verdoppelt bis verdreifacht. Viele technische Innovationen, die immer günstiger zu haben sind, machen unser Leben bequemer. Und parallel zur Kaufkraft haben sich auch unsere allgemeinen Lebensumstände deutlich verbessert. Gesundheitszustand und Lebenserwartung sind im Durchschnitt stark gestiegen. Wir sind mobiler, haben deutlich mehr Freizeit und besitzen – trotz der Krise des Sozialstaates – ein deutlich höheres Maß an sozialer Sicherheit. Der materielle Lebensstandard befindet sich in der westlichen Welt auf einem historischen Höchststand. Und dennoch: Das Glück hat sich nicht gemehrt. Der Anteil der Menschen, die sich selbst als glücklich bezeichnen, ist seit Jahrzehnten stabil, in manchen Industrieländern ist er trotz Wohlstandssprung sogar leicht rückläufig.

Ökonomen – und mit ihnen Wirtschaftspolitiker – haben

diese Erkenntnisse lange kaum zur Kenntnis genommen. Die Methode, Glück durch Befragungen zu messen, ist ihnen von jeher suspekt. Glück gilt ihnen als ein zu subjektiver Zustand, als dass er durch Selbsteinschätzung zuverlässig abfragbar wäre. In vielen makroökonomischen Modellen, zum Beispiel über die Entwicklung der Kaufkraft, kommt der Begriff »Glück« deshalb nicht vor. Diese Einstellung dürfte jedoch bald endgültig überholt sein. Heute können Hirnforscher über Kernspintomografie Glücksgefühle objektiv messen. Hierzu versehen sie den Kopf von Versuchspersonen mit einer Reihe von Elektroden und ermitteln die Aktivität verschiedener Gehirnregionen. Bei positiven Gefühlen reagiert der linke, vordere Teil des Hirns stärker, bei negativen zeigt die rechte Hälfte stärkere Aktivität. Diese neurologischen Messungen stimmen sehr genau mit dem überein, was Probanden in subjektiven Befragungen über Glück und Zufriedenheit angeben. Das bedeutet, dass wir in der Tat selbst sehr gut einschätzen können, ob und wie glücklich wir sind.

In Deutschland sind zwar 24 Prozent der Menschen »sehr glücklich« und die Mehrheit, nämlich 54 Prozent schätzen sich als insgesamt »glücklich« ein. Doch immerhin 20 Prozent fühlen sich »nicht sehr glücklich«. Damit liegt Deutschland in Glücksranglisten im Mittelfeld der wohlhabenden Länder. Für alle Wohlstandsgesellschaften gilt, dass die Zahl der Depressionen und stressinduzierten Krankheiten im letzten halben Jahrhundert stark zugenommen hat. Der Befund ist klar: Wir werden reicher, aber nicht glücklicher. Der amerikanische Erfolgsautor Gregg Easterbrook hat dieses Phänomen mit dem Begriff »Fortschrittsparadox« umrissen. Das Konglomerat an Ursachen für diesen Widerspruch nennen Psychologen, Sozial- und Wirtschaftswissenschaftler wie der Brite Richard Layard »hedonistische Tretmühle«. Was meinen sie damit?

Ob Menschen mit ihrem Einkommen zufrieden sind oder nicht, hängt für die meisten nicht von der absoluten Höhe des Gehalts ab. Oberhalb der Armutsgrenze wird Geld in zweifacher

Weise relativ wahrgenommen. Zum einen vergleichen Menschen ihre materiellen Ressourcen mit denen von Kollegen, Nachbarn, Freunden usw. Zum anderen fragen sie sich immer: Habe ich heute mehr als gestern und morgen mehr als heute? Richard Layard verweist in seinem Buch »Die glückliche Gesellschaft« auf ein interessantes Experiment mit Studenten der Harvard Universität. Diese wurden gefragt, ob sie lieber 50 000 Dollar in einer Welt verdienen möchten, in der das Durchschnittsgehalt 25 000 Dollar beträgt oder lieber in einer anderen Welt 100 000 Dollar nach Hause tragen, in der dem Durchschnitt 250 000 Dollar zur Verfügung stehen. Die Preise in den beiden vorgestellten Welten waren gleich. Die Mehrzahl der Studenten entschied sich für Welt eins, verzichtete also auf absoluten Wohlstand zugunsten des relativen. Eine andere Studie ergab: Menschen freuen sich deutlich mehr über eine Gehaltserhöhung, wenn nur sie alleine eine bekommen. Erhält die gesamte Belegschaft mehr, fallen die Glücksgefühle um rund 30 Prozent geringer aus. Die negative Seite des täglichen Wohlstandsvergleichs nennt man Sozialneid. Die Kombination von Neid und dem psychologischen Effekt der Gewöhnung hat ein fatale Wirkung: Mehr Geld bringt uns nicht mehr Glück, sondern lockt uns in ein materialistisches Hamsterrad. Das Risiko, in diesem Hamsterrad unglücklich zu werden, ist relativ hoch.

Geld ist nicht nur Zahlungsmittel, sondern auch ein Gradmesser für unseren Status in der Gesellschaft. Wir sehen, wie viel der Kollege verdient, wie groß sein Auto und wie teuer sein Haus ist. Dabei orientieren wir uns, auch darüber ist sich die psychologische Forschung einig, tendenziell an denen, die ein bisschen mehr haben. Der Silbermedaillengewinner ist unglücklich, dass er nicht Gold geholt hat, vergleicht sich aber nicht mit dem Gewinner der Bronzemedaille. Der Viertplatzierte ist unglücklicher als die Sportler auf Rang fünf oder sechs. Gelingt es uns, den eigenen materiellen Status zu erhöhen, steigt kurzfristig unsere Zufriedenheit mit unserem Leben. Doch wir gewöhnen uns an den neuen Status quo schneller als wir denken und beginnen, uns wieder mit Menschen zu vergleichen, die ein wenig mehr haben. Richard Layard vergleicht materiellen Lebensstandard mit Alkohol oder Drogen: »Wenn ich eine neue oder angenehme neue Erfahrung gemacht habe, dann brauche ich immer mehr davon, um weiterhin das gleiche Glück dabei zu empfinden. Ich befinde mich in einer Tretmühle, in der ich immer weiter laufen muss, damit mein Glücksempfinden gleich bleibt.« Andere Glücksforscher sprechen vom »Fahrstuhleffekt«.

Der Fahrstuhleffekt sorgt dafür, dass wir uns einem permanenten Vergleichsstress aussetzen. Der permanente Vergleichsstress wiederum belastet auch das persönliche Glückskonto permanent. Weil wir glauben, dass Geld glücklich oder zumindest zufriedener macht, verhalten wir uns in Bezug auf das persönliche Glück extrem unökonomisch. Ein neues, größeres Auto bereitet natürlich eine kurze Zeit lang Freude. Nach einer Weile wird es aber einfach zu dem Auto, mit dem man täglich fährt – und das zudem täglich an materiellem Wert verliert. Die nachweislich wichtigsten Einflussfaktoren auf das subjektiv gefühlte Glück der Menschen sind Freunde, (Ehe-)Partner oder Partnerin und Familie. Wer seinen materiellen Status verbessern möchte, hat in der Regel weniger Zeit, Kraft und Muße, in die Menschen zu investieren, die ihm nahe stehen. Dabei würde es in der Regel die persönliche Glücksbilanz stärker und nachhaltiger erhöhen als eine höhere Gehaltsabrechnung.

Freundschaft, die Beziehung zu Partner oder Kindern haben im Unterschied zu einem neuen Auto oder der Quadratmeterzahl einer Wohnung zwei entscheidende Vorteile: Ihr Wert nutzt sich nicht ab und ihre Größe oder Qualität ist nicht objektiv vergleichbar. Freundschaften lassen sich nicht (ver-)konsumieren. Sie werden (normalerweise) besser, je mehr Zeit ich mit meinen Freunden verbringe. Person A wird auch nie wirklich wissen, ob ihre Beziehung zu B besser oder schlechter ist als die von C zu D. Gleiches trifft auf alle intrinsischen Güter zu, zum Beispiel die

Liebe zur Musik. Ein rationaler Mensch, für den sein persönliches Glück ein wichtiges Ziel ist, müsste also deutlich weniger Energie in Status und Einkommen und deutlich mehr in die Pflege seiner sozialen Kontakte stecken. Vor diesem Hintergrund bekommt auch das Geben eine ganz neue ökonomische Komponente. Die »World Values Survey«, für die seit 1981 mehr als 90 000 Menschen befragt wurden, kommt beispielsweise zu dem Ergebnis: Eine Scheidung wirkt sich auf die Zufriedenheit der Menschen doppelt so negativ aus wie der Verlust von 30 Prozent des Familieneinkommens.

Geiz macht unglücklich

Die vielleicht radikalste Form des Gebens ist die Organspende zu Lebzeiten. Warum spenden Menschen ihre Niere für andere? Nierenspender nehmen eine nicht risikolose Operation in Kauf. Sie wissen, dass sie nach der Entnahme des Organs Schmerzen und eine hässliche Narbe haben werden. Und noch gravierender: Sollte die eine ihnen verbleibende Niere irgendwann einmal versagen, werden sie sich in der gleichen, lebensbedrohlichen Lage befinden wie die Person, für die sie gerade spenden. Tiefeninterviews kommen immer wieder zu dem Ergebnis, dass die Spender selbst nicht so genau wissen, warum sie diese immensen Belastungen auf sich nehmen. »Ich musste es einfach machen« oder »Ich wusste einfach, dass ich diesmal das Richtige tue« sind Sätze, die in solchen Interviews immer wieder fallen. Bei der Organspende treffen offensichtlich nicht Verstand oder Kalkül die Entscheidung, sondern ein diffuses Gemisch der Gefühle. Auffällig oft fällt in den Befragungen jedoch der Satz: »Ich hätte es mir nie verziehen, wenn ich es nicht getan hätte.« Philosophen, Ökonomen und Sozialwissenschaftler kommen bei der Frage, warum Menschen Gutes tun, nur selten und noch seltener schlüssig um die Antwort »Eigennutz« herum. Den Psychologen geht es selbst bei der Extremform des Gebens, der Organspende, genauso. Oft steht nicht der Hilfsbedürftige im Mittelpunkt der inneren Argumentation, sondern das prognostizierte schlechte Gewissen des Spenders. Dieser Prozess muss nicht bewusst ablaufen und er ist auch nicht moralisch verwerflich. Er sagt allerdings sehr wohl etwas über unsere psychische Disposition aus.

Psychoanalytisch orientierte Psychologen gehen meist davon aus, dass Menschen, die freiwillig und ohne direkt ersichtlichen Nutzen geben oder helfen, in irgendeiner Form Schuldgefühle kompensieren. Für diese Interpretation spricht, dass Menschen besonders dann dazu neigen zu helfen, wenn sie selbst glauben, eine Mitschuld an einer misslichen Lage zu haben. Das scheint auf der einen Seite nahe liegend. Auf der anderen Seite macht es für einen hilfsbedürftigen Menschen zunächst keinen Unterschied, wer ihm in seiner Situation zur Seite springt. Die wahrgenommene Mitschuld kann natürlich sehr indirekt sein. Menschen in den Industrieländern spenden für Entwicklungsländer, weil sie die Weltwirtschaftsordnung für ungerecht halten und den Eindruck haben, von dieser ungerechten Wirtschaftsordnung zu profitieren.

Kompensation erklärt allerdings nicht, warum wir auch in Situationen helfen, an deren Zustandekommen wir nicht die geringste Schuld tragen, zum Beispiel bei einer Autopanne eines anderen. Die Psychoanalytikerin Anna Freud formulierte in den vierziger Jahren des zwanzigsten Jahrhunderts die These, dass Menschen vor allem helfen, weil sie wissen, dass ihnen der Akt des Helfens Freude bereiten wird. Sie handeln also im Hinblick auf eine innere Belohnung. Auch hierfür hat die empirische psychologische Forschung Hinweise gesammelt. Menschen mit besonders geringem Selbstwertgefühl handeln im Schnitt altruistischer als die mit durchschnittlicher Selbstachtung. Ein Erklärungsmuster hierfür könnte sein: Wer wenig Selbstwertgefühl hat, muss dieses durch innere Belohnung aufwerten. Nun zeigen aber die gleichen Untersuchungen, dass Menschen mit überdurchschnittlichem Selbstwertgefühl ebenfalls zu überdurchschnittlicher Hilfsbereitschaft neigen. Das Konzept der Empathie, des menschlichen Einfühlungsvermögens, führt an dieser Stelle weiter.

Schon Thomas Hobbes beobachtete an sich, als er einem Bettler eine Sixpence-Münze zusteckte: »Es bereitet mir Schmerzen, den elenden Zustand des alten Mannes anzusehen, und auf dieselbe Weise schaffte es mir einige Linderung, ein Almosen zu geben.« Wenn wir einen Menschen leiden sehen, leiden wir mit. Wenn wir helfen, sinkt parallel zum fremden Leid auch das eigene. Dies ist der Eigennutz für die Hilfe, die wir leisten. Von allen Motiven und Eigenschaften, die uns zu altruistischem Handeln bewegen, dürfte nach Einschätzung vieler Sozialpsychologen die Empathie die stärkste sein. Einer von ihnen ist der US-Amerikaner Robert Cialdini. Für das Mitleiden mit anderen hat er den Begriff »Einfühlungs-Unbehagen« geprägt. »Das Motiv für Altruismus ist eher, unser Einfühlungs-Unbehagen loszuwerden, als der, dem Opfer zu helfen«, glaubt Cialdini. Um seine These empirisch zu unterfüttern, dachte er sich Mitte der achtziger Jahre einen trickreichen Versuch aus. Seine Mitarbeiter luden Testpersonen zu einem vorgeblichen Medikamententest für ein Mittel zur Verbesserung des Kurzzeitgedächtnisses ein. Der Hälfte der Testpersonen wurde erklärt, dass dieses Mittel zwar sehr harmlos sei, es aber über eine kuriose Nebenwirkung verfüge: Für eine halbe Stunde bleibe die Stimmung absolut konstant. Wer gerade traurig sei, bleibe traurig. Wer gut gelaunt sei, bleibe gut gelaunt. Über einen angeblichen »Gedächtnistest« induzierten die Wissenschaftler Stimmungen. Die Probanden mussten sich an besonders positive, neutrale oder besonders traurige Momente in ihrem Leben erinnern. Danach bekamen sie das »Kurzzeitgedächtnismittel« – ein paar Milliliter Mineralwasser. Die eine Hälfte der Probanden wurde daran erinnert, dass sich ihre Stimmung jetzt eine halbe Stunde nicht verändern würde. Daraufhin verließen die »Arzneimittelforscher« den Raum. Wie zufällig kam kurz darauf ein anderer Mitarbeiter des Instituts vorbei und bat die Versuchspersonen um einen Gefallen. Das Ergebnis war eindeutig. Die Gruppe trauriger Testpersonen, die glaubte, ihre Stimmung sei für eine halbe Stunde »eingefroren«, zeigte genauso wenig Neigung zu helfen wie Probanden in neutraler und positiver Stimmung. Die Gruppe der Traurigen, denen die Geschichte von den eingefrorenen Gefühlen nicht erzählt worden war, war hingegen deutlich hilfsbereiter. Sie glaubten offenbar, dass sich durch ihre Hilfe die eigene Stimmung heben könnte. Mit anderen Worten: Wir unterlassen es zu helfen, wenn wir uns keinen »psychologischen Mehrwert« davon versprechen. Und wir neigen eher zum Geben, wenn wir auf einen inneren Gewinn hoffen dürfen.

Das Empathie-Modell zur Erklärung von scheinbar selbstlosem Verhalten wurde immer wieder als zynisch kritisiert. Es raubt nahezu jeder Form des Altruismus den Zauber der Selbstlosigkeit. Von dem französischen Gesellschaftskritiker des 17. Jahrhunderts François de La Rochefoucauld stammt der Satz: »Wir würden uns unserer edelsten Taten oft schämen, wenn die Welt all die Motive kennen würde, die ihnen zugrunde liegen.« Ganz so negativ muss die Gesamtschau guter Taten der Weltgeschichte vielleicht dennoch nicht ausfallen. Der Altruismus, so viel steht fest, ist wie die Liebe oder die Sexualität ein hoch komplexes Phänomen. Vielleicht gibt es Formen des Helfens, die tatsächlich gänzlich frei von egoistischer Motivation sind. Die Wissenschaft hat bislang allerdings wenige Anzeichen für sie gefunden.

Das Altruismus-Paradox

Geben und großzügig sein ist (fast immer) auch Eigennutz. Das muss allerdings nicht heißen, dass Helfer eigennützig motiviert sind, wenn sie sich für andere engagieren. Helfen oder Geben sind oft unbewusste Vorgänge. Von den vielen Motiven, die uns im Einzelfall dazu bringen, großzügig oder hilfsbereit zu handeln, bleiben uns selbst viele verborgen. Und psychologisch beachtlich: Es gibt eine Reihe von Hinweisen, dass Helfen für das eigene Wohlbefinden besonders förderlich ist, wenn der Helfende den eigenen Vorteil gar nicht im Blick hat. Zu diesem Ergebnis kommen zumindest die Züricher Glücksforscher Bruno S. Frey und Alois Stutzer nach einer Auswertung von ausführlichen Befragungen von ehemaligen DDR-Bürgern, die sich vor und nach dem Mauerfall freiwillig in ihrer Freizeit für andere eingesetzt haben.

Frey und Stutzer unterscheiden bei ihren Analysen zwischen intrinsischen und extrinsischen Motiven für das Ehrenamt. Zu den »inneren« Antriebsfedern zählen sie unter anderem:

- das Mitgefühl für die Not anderer,
- das Vergnügen, Fortschritte beobachten zu können,
- der Spaß an der Art der ehrenamtlichen Arbeit an sich, wie zum Beispiel mit modernem technischen Gerät ein Feuer zu löschen,
- Gefühle der Sinnhaftigkeit oder der Kompetenz oder schlicht eines insgesamt »guten Gefühls«, das im Englischen gerne »warm glow« genannt wird.

Unter »extrinsischen Motiven« verstehen die beiden Züricher Forscher:

- Investitionen in Humankapital. Zum Beispiel, wenn eine Firma sich bei Schulprojekten engagiert, um später bessere Lehrlinge einstellen zu können,
- Investitionen in das soziale Netzwerk, also wenn ehrenamtliche Helfer hoffen, über ihr Engagement Kontakte zu bekommen, die ihnen anderweitig nützen,
- soziale Anerkennung.

Die meisten Ehrenamtlichen bewegt eine Kombination aus mehreren in- und extrinsischen Motiven. Die statistische Auswertung des sehr breiten Datensatzes ostdeutscher Freiwilliger, erhoben vom *German Socio Economic Panel* (GSOEP) ergab mehrere aussagekräftige Ergebnisse. Zum einen waren auch hier ehrenamtlich Engagierte im Durchschnitt deutlich glücklicher als Unengagierte. Auf einer Skala von 1 bis 10 fühlten sich Freiwillige um fast einen halben Punkt glücklicher. Interessanter jedoch: Der umfangreiche Datensatz des GSOEP bot die Möglichkeit zu schauen, wie viele Ostdeutsche aufgrund welcher Motivation ehrenamtlich tätig waren und welche Wirkung die Freiwilligenarbeit auf ihr subjektives Glück hat. Die Datensammler hatten die Interviewten nämlich gefragt, wie hoch sie für ihre Lebenszufriedenheit den Einfluss von Familie, Freunden, Einkommen und beruflichem Erfolg einschätzten. Ehrenamtliche mit überdurchschnittlich hohem Anteil materialistischer Wertvorstellungen waren zwar glücklicher als diejenigen, die sich gar nicht engagierten. Freiwillige mit einer weniger materialistischen Lebenseinstellung punkteten auf der Glücksskala allerdings am höchsten. Im Klartext: Wer sich engagiert, um soziale Anerkennung zu finden, wird durchaus glücklicher. Wer sich engagiert, um anderen zu helfen, profitiert noch stärker. Der Altruismus ist ein Paradox. Wer anderen hilft, hilft sich selbst. Wer anderen hilft, um davon zu profitieren, hilft sich nur ein bisschen. Auf dem Weg zu einer engagierteren Gesellschaft müssen wir dieses Paradox verstehen lernen.

Etwas leichter interpretierbar ist übrigens der wissenschaftliche Befund des britischen Sozialpsychologen Michael Argyle über die Freizeitgestaltung seiner Landsleute. Ob Tennis, Shopping, Golfen, Fernsehen, Schwimmen, Faulenzen oder Reisen: Keine dieser Freizeitbeschäftigungen machte den Befragten mehr Spaß als das Engagement in der Freiwilligenarbeit. Allein das Tanzen rangiert in der britischen Glücksskala noch ein wenig höher.

4. Reichtum verpflichtet – Stiften statt Steuerflucht

Wer reich stirbt, stirbt in Schande.

Andrew Carnegie

Das wirkliche Interesse

Kein Zweifel: Günther Jauch ist reich. Sein Wohlstand speist sich aus verschiedenen Quellen. Moderationshonorare und TV-Produktionsfirmen zum Beispiel. Erhebliche Beträge fließen auch aus Werbeeinnahmen. Seit 1998 wirbt der Fernsehmoderator für die Süddeutsche Klassenlotterie. Seit 2002 steigt er für Karstadt-Quelle in die Marketingbütt, seit zwei Jahren auch für die Deutsche Telekom. Dazu hatte er Werbeverträge mit Krombacher, der Bundesbank und dem Bundesverband der deutschen Betonindustrie. Nach Verbraucherumfragen ist Jauch nicht nur der beliebteste Moderator in Deutschland, sondern auch der sympathischste Werbeträger. Die Werbehonorare fallen entsprechend hoch aus. Die *Bild*-Zeitung taxiert alleine die Gage für die Telekom-Spots auf mehr als fünf Millionen Euro. Jauch freut sich über das viele Geld – und gibt es an Menschen und Institutionen weiter, die es dringender brauchen als er. Dazu legt er dann noch etwas von seinen sonstigen Einnahmen drauf. Genaue Angaben über die Höhe seines jährlichen Spendenetats macht Günther Jauch nicht, doch er versichert: »Es ist immer mehr, als an Werbeeinnahmen reinkommt.« Damit dürfte er einer der großzügigsten Prominenten in Deutschland sein.

Jauch gibt für den Denkmalschutz, karitative Einrichtungen, Jugendprojekte und was ihm sonst noch sinnvoll erscheint. »Das kann was im Bereich Umweltschutz sein, aber auch ein Kinderheim in Masuren«, sagt der gelernte Journalist. Die bislang größte Einzelspende gab er für die Rekonstruktion des Fortunaportals des Potsdamer Stadtschlosses. 3,6 Millionen Euro an Werbeeinnahmen von der Betonindustrie reichte er an den Förderverein zum Wiederaufbau des Schlosses durch. Eine Spenden-Strategie verfolgt der Freund des Denkmalschutzes allerdings nicht. Jauch hat, ohne es an die große Glocke zu hängen, eine Stiftung mit sehr weit gefasstem Stiftungsziel gegründet, die der Stifterverband für die Deutsche Wissenschaft treuhänderisch verwaltet. »Damit kann ich so ziemlich alles abdecken«, sagt Jauch. Ob die Stiftung sich irgendwann auf einen bestimmten Zweck konzentrieren wird, weiß er noch nicht.

Im Gespräch vermittelt Jauch den Eindruck, dass sein finanzielles Engagement viel mit Spontaneität zu tun hat und das passt auch zu seiner Motivation: »Es macht mir Spaß zu sehen, dass ich hier und da etwas bewegen kann.« Punkt. Viel mehr kommt da nicht. Wie groß Jauchs Allgemeinwissen ist, stellt er in seinen Quiz-Sendungen immer wieder unter Beweis. Über einen theoretischen Überbau der Philanthropie verfügt er nicht. Jauch wurde katholisch erzogen und der Vater, keineswegs vermögend, spendete auch immer viel. Geben scheint für ihn so selbstverständlich wie die Pointen seiner Schachtelsätze: »Fernsehmoderatoren, diesen Eindruck habe auch ich mittlerweile gewinnen dürfen, werden tendenziell etwas überbezahlt.« Mit dem Honorar für einen halben Arbeitstag Moderation für einen Großkonzern, so rechnet Günther Jauch, kann er die Arbeit einer kleinen Jugendinitiative auf Jahre sichern. »Warum sollte ich einen solchen

Hebel nicht nutzen?« Warum nicht? Es macht Spaß. Jauchs Argumentationskette zur Großzügigkeit ist kurz. Vielleicht wirkt sie deshalb so reißfest.

Günther Jauch ist einer von vielen. Dass Reiche jedes nur erdenkliche Steuerschlupfloch suchen oder wie Franz Beckenbauer, Boris Becker und Michael Schumacher mit ihrem Vermögen gleich ins Ausland ziehen, ist nur der eine Teil der Wahrheit. Viele der jüngeren Großstiftungen der Bundesrepublik wurden von aktiven Unternehmern oder ihren Familien gegründet. Die Mohns investierten in die Bertelsmann Stiftung, Georg Karg in die Hertie-Stiftung, Gerd Bucerius in die Zeit-Stiftung, Else und Hans Kröner in die Else Kröner-Fresenius-Stiftung, Kurt A. Körber in die Körber-Stiftung usw. Besonders großzügig zeigten sich in den letzten Jahren Unternehmer aus der profitablen Softwarebranche.

SAP-Mitgründer Hasso Plattner ist Deutschlands größter privater Wissenschaftsförderer. 1998 stattete er ein an der Universität Potsdam angegliedertes Informatikzentrum mit 200 Millionen Euro aus. Zurzeit profitieren davon 320 künftige IT-Ingenieure, die für eine erstklassige Informatik-Ausbildung am Hasso-Plattner-Institut keinen Cent Studiengebühren zahlen müssen. Letztes Jahr steckte der weltweit präsente Software-Entwickler zusätzlich 35 Millionen Dollar in ein neues *Institute of Design* im Silicon Valley. Ingenieure, Pädagogen, Sozial- und Wirtschaftswissenschaftler sollen dort gemeinsam Innovationen hervorbringen, die drängende Probleme in Wirtschaft, Gesellschaft und Umwelt lösen. Ein Beispiel: Die Entwicklung einer robusten und preiswerten Leuchtdiodenlampe für Entwicklungsländer, die sich tagsüber mit Sonnenenergie auflädt und nachts sehr lange Licht abgibt. Plattners SAP-Kompagnon Klaus Tschira brachte 1995 rund 21 Millionen SAP-Aktien als Kapital in die Klaus Tschira Stiftung ein. Die KTS gibt jährlich rund 10 Millionen Euro aus, hauptsächlich für Forschung und Vermittlung von Wissen im technisch-naturwissenschaftlichen Bereich.

Der dritte große Geber aus der Riege der Softwareunternehmer ist Peter M. Schnell, Mitgründer der Darmstädter Software AG. 1992 steckte er 98 Prozent seiner Firmen-Anteile in die Software AG-Stiftung. 2004 waren die 650 Millionen Euro wert und ermöglichten Ausschüttungen in Höhe von 17,4 Millionen Euro. Die Software AG-Stiftung fördert keine künftigen Softwaregenies, sondern investiert auf den Feldern Behinderten-, Jugend- und Altenhilfe, Erziehung und Bildung sowie naturheilkundliche Forschung und alternative Landwirtschaft. Besonderes Augenmerk legt die Stiftung dabei auf die Förderung ehrenamtlichen Engagements, das nicht durch zu viel finanzielle Zuwendung ausgebremst werden soll. Die geförderten Initiativen versteht Gründer Schnell als Modellprojekt. Viele große Geber spenden aus dem Bauch heraus. Peter Schnell gehört zu denen, die ihre Philanthropie sehr strategisch angehen und theoretisch unterfüttern. Er argumentiert: »Von seiner Natur her müsste im Wirtschaftsleben der Menschen Brüderlichkeit herrschen, im Unterschied zu Freiheit im Geistesleben und Gleichheit im Rechtsleben. Auch wenn wir offenkundig heute noch weit entfernt sind von dieser bewussten Brüderlichkeit, so muss man erfahrbare Beispiele für die Zukunft der Welt setzen.« Brüderlichkeit ist nach Schnells Verständnis dabei kein »Vergeben von Almosen aus Sympathie«. Brüderlichkeit entsteht für ihn erst in der Entwicklung eines wirklichen Interesses am anderen und ist verantwortungsethisch begründet: »Die Verfügungsgewalt über solche Vermögenswerte wie in der Software AG-Stiftung begründet kein Recht zum Ausleben von Egoismen, sondern eine hohe Verantwortung der Welt gegenüber. Man kann diese Verantwortung ignorieren, ablehnen oder sie ergreifen. Wir wollen sie ergreifen.« Wie viele Wohlhabende, Reiche und Superreiche in Deutschland dieser Vorstellung von einer gesellschaftlichen Verpflichtung des Reichtums folgen, ist sehr schwer zu sagen.

Der Millionär, das unbekannte Wesen

Investmentbanker und Anlageberater nennen die Jauchs, Plattners und Schnells dieser Welt *High Net Worth Individuals*, kurz HNWI. HNWIs sind Menschen, die über ein Finanzvermögen von mehr als einer Million Dollar ohne Berücksichtigung von selbst bewohnten Immobilien verfügen. Wie diese Gruppe lebt, welche ideellen Werte sie hat, woher ihr Vermögen stammt, wie sie es mehrt und ausgibt, darüber gibt es bezogen auf Deutschland kaum gesicherte Erkenntnisse. Der Bochumer Sozialforscher Ernst-Ulrich Huster witzelt: »Wir wissen, wie viele Obstbäume in Deutschland wachsen, aber kaum etwas über Reichtum.« Seit Abschaffung der Vermögenssteuer im Jahr 1996 wissen wir noch weniger. Und dennoch gibt es einige Hinweise: Die aktuellsten über Anzahl und Vermögen von Reichen und Superreichen liefert der »World Wealth Report« der Unternehmensberatung Capgemini und der Investmentbank Merrill Lynch. Demnach leben in Deutschland etwas über 750 000 Dollarmillionäre. Rund 4000 Menschen, sogenannte Ultra-HNWIs, besitzen exklusive der selbst genutzten Häuser ein Vermögen von mehr als 30 Millionen US-Dollar. Das Gesamtvermögen von deutschen Reichen und Superreichen schätzen die Unternehmensberater auf rund drei Billionen Dollar. Fest steht auch, dass es hierzulande vor allem Unternehmer und Selbstständige zu großem Reichtum bringen. Damit ein Angestellter ein großes Vermögen aufbauen kann, muss er nach Einschätzung des Darmstädter Soziologen und Elitenforschers Michael Hartmann mindestens eine Million Euro brutto im Jahr verdienen. Das schaffen außer Spitzenmanagern nur wenige. Ebenfalls gesichert ist: Reiche starten in Deutschland nur selten bei null, sondern haben meist einen Teil ihres Vermögens geerbt. Das Einkommen der Reichen und Superreichen ist von 1990 bis zum Jahr 2002 preisbereinigt um rund 40 Prozent gestiegen. Das Realeinkommen von Arbeitnehmern stagnierte hingegen im gleichen Zeitraum.

Völlig unklar ist, welchen finanziellen Beitrag Millionäre und Multimillionäre für das Gemeinwohl zusätzlich zu ihrer Steuerpflicht leisten. Es gibt in den USA und in Großbritannien zahlreiche Belege, dass dort finanzielles Engagement auch prozentual zu Einkommen und Vermögen wächst, je mehr Geld ein Bürger hat. In Deutschland ist die Datenlage dünner. Nicht einmal die Gesamtspendensumme ist bekannt. Die Schätzungen (inklusive Stiftungsneugründungen) schwanken zwischen drei und sechs Milliarden Euro jährlich. Verschiedene Marktforschungsstudien deuten darauf hin, dass Wohlhabende zumindest häufiger als Durchschnittsverdiener spenden – und in der Regel auch höhere Beträge. Doch viel mehr weiß man nicht. Das Problem ist ein methodisches. Fragt man Reiche nach ihrem philanthropischen Engagement, antworten nur diejenigen, die sich engagieren. Die anderen hüllen sich in Schweigen. Wir wissen also nicht, was Reiche daran hindert, sich für das Gemeinwohl einzusetzen. Dagegen haben Sozialforscher in den letzten Jahren eine Reihe von Antworten auf die Frage sammeln können, was Reiche umtreibt, wenn sie sich denn zum Geben in größerem Stil entschließen. Die Ergebnisse deuten klar in eine Richtung: Psychologischer Eigennutz spielt eine große Rolle.

Gestifteter Eigennutz

»Das wichtigste Motiv ist die Suche nach einem tieferen Sinn für das eigene Leben, besonders wenn ein Unternehmen verkauft wurde oder Unternehmer den Eindruck haben, dass ihr Geschäft jetzt in sicheren Bahnen verläuft«, sagt Karsten Timmer. Im Auftrag der Bertelsmann Stiftung hat Timmer per Fragebogen und Interviews über 600 reiche oder wohlhabende Stifter nach Beweggründen und Ausgestaltung ihres gemeinnützigen Engagements befragt. 75 Prozent der Befragten der Bertelsmann-Stifter-

Studie bestätigen, dass die Schaffung »einer erfüllenden, sinnvollen Aufgabe« für ihre Stiftungsgründung entscheidend war. 55 Prozent der Stifter versprachen sich eine »Steigerung der persönlichen Zufriedenheit«. Erst an dritter Stelle rangiert die »Verbundenheit mit den Fördermittelempfängern«, knapp vor der Erwartung, neue Freundschaften und Bekanntschaften zu schließen. Gesellschaftliches Ansehen oder Anerkennung unter Freunden und Bekannten, also innerhalb der eigenen Oberschicht, geben Stifter in Fragebögen in großer Mehrheit als »unbedeutend« oder »sehr unbedeutend« an.

Hinter diese Selbsteinschätzung ist mindestens ein kleines Fragezeichen zu setzen. Die amerikanische Soziologin Francie Ostrower hat Ende der neunziger Jahre in einer Studie über die New Yorker Geldelite klar nachweisen können, dass großzügiges Geben für das Gemeinwohl zur sozialen Differenzierung im Sinne des französischen Soziologen Pierre Bourdieu gehört. Mit anderen Worten: Mit einer eigenen Stiftung oder einer Großspende zeigen Menschen mit Vermögen, dass sie zu den Vermögenden gehören. Umgekehrt ist die Spende die Eintrittskarte zu den elitären Zirkeln. In Deutschland mag diese Tendenz nicht ganz so ausgeprägt sein. Aber in Interviews kommt im Unterschied zu standardisierten Fragebögen das Motiv »soziale Anerkennung«, besonders im Bezug auf das eigene Umfeld, doch immer wieder verklausuliert zur Sprache. Offensichtlich ist auch, dass Philanthropen mit dickem Portemonnaie über ihr irdisches Dasein hinaus in Erinnerung bleiben wollen. Laut Bertelsmann-Studie ist es 43 Prozent aller Stifter »sehr wichtig, der Nachwelt etwas Bleibendes zu hinterlassen, wenn sie einmal sterben«. Darauf deuten bereits die Namen vieler Stiftungen hin. Drei Viertel aller Stiftungen mit mehr als 2,5 Millionen Euro Stiftungskapital tragen den Namen ihrer Gründer.

Bei einer Stiftungsgründung stehen altruistische Motive keineswegs im Widerspruch zu egoistischen. Die Verbindung aus beidem macht das Geben attraktiv. Steuerliche Anreize gehören dazu. Spenden für gemeinnützige Zwecke können laut Steuergesetzgebung grundsätzlich bis zu fünf Prozent des Jahresgehaltes steuerlich geltend gemacht werden. Wer für die juristisch definierten Bereiche Mildtätigkeit, Kultur und Wissenschaft gibt, kann Spenden bis zu zehn Prozent seines Jahreseinkommens vom zu versteuernden Einkommen abziehen. Seit dem Jahr 2000 werden Stifter zusätzlich steuerlich begünstigt. Bei der Gründung einer Stiftung bleiben zusätzlich zu den fünf bzw. zehn Prozent des Jahreseinkommens 307 000 Euro steuerfrei. Dieser Betrag kann auf zehn Jahre verteilt werden. Die Bertelsmann-Stifter-Studie kommt zu dem Ergebnis, dass heute für 41 Prozent der Stifter bei einer Stiftungsgründung steuerliche Anreize »eine ausschlaggebende Rolle« spielen. Immerhin ein Drittel gibt an, dass sie sich noch stärker finanziell engagieren würden, falls zusätzliche Steuervergünstigungen eingeführt werden sollten.

Der KFZ-Dienstleistungsunternehmer Christoph Kroschke, der mit seinem Bruder die Kroschke Stifung für Kinder gegründet hat, sieht Stiftungen mit den Augen des Kaufmanns als Talentschmieden, PR-Instrumente für den eigenen Betrieb, Treiber von Innovation und Plattform für wirtschaftlichen Erfahrungsaustausch. Auch das Fehlen von geeigneten Erben wird von Reichen immer wieder als wichtiger Grund für großes finanzielles Engagement zugunsten des Gemeinwohls genannt. Der Gießener Politikwissenschaftler Claus Leggewie hat in zahlreichen Gesprächen mit den Vertretern der Oberschicht auch gesellschaftspolitische Motive für ihre Großzügigkeit ausgemacht: »Die Reichen in diesem Land wissen, dass sie mit den Armen systemisch verbunden sind. Sie haben schon eine Ahnung davon, dass es ihnen selbst schadet, wenn die Armut zu groß wird.« Der Professor aus Hessen berichtet von zahlreichen wohlhabenden Frankfurtern, die sich über die Zustände rund um den Hauptbahnhof ihrer Stadt Gedanken machen. »Reiche leben in Deutschland seltener als in den USA oder der Dritten Welt in gated communities«, sagt Leggewie. Die Milieus begegneten sich. Allein daraus ergebe sich bei vielen Reichen immer wieder ein Impuls zu gesellschaftlichem Engagement.

In der Gesamtschau heißt das: Wenn Reiche sich zum Geben entschließen, spielen fast immer mehrere Motive eine Rolle, die sich oft überlagern und gegenseitig verstärken. Diese Motive sind dem Spendenden nicht immer bewusst. Die emotionale Ebene des Gebens darf auch bei Reichen nicht unterschätzt werden. Reiche Geber sind, genau wie bürgerschaftlich Engagierte ohne großes finanzielles Polster, immer auf der Suche nach einem guten Gefühl – dem guten Gefühl, einer sinnvollen Sache zu dienen und dabei dem eigenen Leben einen zusätzlichen Sinn zu geben. Die einen nennen das »persönliche Seelenhygiene«. Für die anderen spielen religiöse Motive eine gewichtige Rolle. Der Glaube hat im säkularisierten Deutschland für private Philanthropie nach wie vor überraschend viel Gewicht. 69 Prozent der deutschen Stifter bezeichnen sich als »religiöse Menschen«. Ein weiteres Motiv, das in Interviews mit Großspendern immer wieder auftaucht, ist die Dankbarkeit. Diese Dankbarkeit kann ebenfalls einen religiösen Ursprung haben. Spenden auf Erden können – heute wie vor Jahrhunderten – Ausdruck der Dankbarkeit vor Gott sein. Sehr oft empfinden reiche Geber aber auch Dankbarkeit gegenüber ihrem Land oder ihrer Gesellschaft.

Die Diskussion um Steuerflucht und die Verlagerung von Unternehmen und Vermögen ins Ausland hat in den letzten beiden Jahren den Blick stark auf Reiche und Unternehmer gelenkt, die ihre Heimat gegen einen günstigeren Steuersatz tauschen. Es gibt auch eine Gegenbewegung. Stifterforscher Timmer hörte immer wieder den Satz: »Dieses Land hat es mir ermöglicht, reich zu werden. Also habe ich auch die verdammte Pflicht, hier zu bleiben und mich zu engagieren.« Die amerikanische Stiftungsbewegung nennt dieses Phänomen *giving back*. Der Börsenmogul Warren Buffett, nach Bill Gates der zweitreichste Mann Amerikas, bringt *giving back* auf die Formel: »Auf keinen Fall könnte ich genießen, was ich genieße, wenn ich zufällig in

Westafrika geboren wäre.« Buffett hat versprochen, nach seinem Tod fast sein gesamtes Vermögen dem Gemeinwohl zur Verfügung zu stellen. Im Einwanderungsland USA sind es übrigens oft auch arrivierte Migranten, die sich zum *giving back* verpflichtet fühlen und dies offensiv kommunizieren. Das Land hat die Familie in einer Notsituation aufgenommen oder ihr die Möglichkeiten zu einem raschen sozialen Aufstieg geboten, also geben sie zurück. Auch im Asylland Deutschland leben heute viele Menschen, die Chancen in der neuen Heimat nutzen konnten, zum Beispiel iranische Mediziner, Ingenieure oder Geschäftsleute. Dass sich erfolgreiche Migranten in Deutschland kaum öffentlich zur deutschen Gesellschaft bekennen, ist ein Resultat unseres gespaltenen Verhältnisses zur Einwanderung – und eine der vielen ausgelassenen Chancen eines Einwanderungslandes, das nicht zur Einwanderung steht.

Die britische Philanthropie-Forscherin Theresa Lloyd unterteilt in einer viel beachteten Studie mit dem Titel »Why rich people give« die Motivation von Reichen zum Geben in fünf Kategorien:

1. Glaube an den Zweck, für den sich ein Geber einsetzt,
2. das Gefühl, ein Beschleuniger von Wandel zu sein,
3. Selbstverwirklichung, hierzu zählt Lloyd, Erfahrung weiterzugeben, neue Fähigkeiten zu erlernen und sich einen »Platz in der Geschichte« zu suchen,
4. Beziehungen zu anderen Menschen aufzubauen,
5. der Wunsch, an die Gesellschaft »zurückzugeben« *(giving back).*

Und auch Lloyd kommt nach ihren Interviews mit knapp 100 HNWIs mit einem Vermögen zwischen fünf und 100 Millionen Pfund zu dem Ergebnis: Großzügigkeit macht die Menschen glücklicher. Das Kalkül vom gestifteten Eigennutz geht auf. Und der Eigennutz wächst, je erfolgreicher das Engagement ist. Geber wollen in der Regel Fortschritte sehen. Werden diese sichtbar, steigt auch die eigene Zufriedenheit. Stifter sind deshalb gut beraten, ihre Mittel zum einen auf wenige Zwecke zu konzentrieren. Zum anderen sollten sie sich konkrete und realistische Ziele stecken, die sie in einer bestimmten Zeit erreichen können.

Die dritte S-Klasse

Die Suche nach einem Sinn im eigenen Tun und Leben ist das wichtigste Motiv der Reichen, sich für andere zu engagieren. Diese Sinnsuche verbindet sich für viele Angehörige der Oberschicht mit der Frage: Was soll ich mit meinem Vermögen eigentlich anfangen, wenn alle Luxusbedürfnisse befriedigt sind und ich Geld eigentlich nicht mehr in sinnvollem Rahmen für mich ausgeben kann? In Kapitel drei haben wir gesehen, dass Geld ab einem mittleren Einkommen die Lebenszufriedenheit kaum noch steigert. »Welchen Wert hat die dritte S-Klasse, das dritte Chalet in den Bergen oder die dritte, noch größere Motoryacht auf dem Mittelmeer?«, fragt Ellen Ringier sich und andere. Die Schweizerin und Gattin des Züricher Großverlegers Michael Ringier arbeitete jahrelang in verschiedenen Wirtschaftskanzleien. Die promovierte Juristin hatte aber immer wieder den Eindruck, »die falschen Interessen oder die Interessen der Falschen vertreten zu müssen.« Mit 39 Jahren entschied sie, die eigene Karriere gegen ein Leben zugunsten des Gemeinwohls auszutauschen. In den letzten fünfzehn Jahren saß sie im Vorstand von einem guten Dutzend gemeinnütziger Institutionen, übernahm den Vorsitz der Ringier-Familienstiftung Humanitas und setzt sich seit einigen Jahren mit Zeit und Kapital besonders für Familien in schwierigen Lagen ein. Dem Ende der juristischen Karriere folgte ein, wie sie es nennt, »jahrelanger Höhenflug durch eine wachsende Befreiung von den Insignien des Reichtums«. Frau Ringier hat nichts gegen Chanelkostüme oder teuren Designer-

Schmuck. Es macht ihr nur viel mehr Freude, einer bedürftigen Familie die Zahnarztrechnung zu begleichen. Viel Geld hat für die aktive Fundraiserin mit englischen Großeltern einen großen Vorteil: »You can make a difference!« Dabei predigt auch sie keinen Konsumverzicht. »Wer eine 90-Meter-Yacht mit 19 Matrosen braucht, die täglich 3000 Dollar Hafengebühren kostet, der soll sie halt haben. Er soll sich nur nicht zu knauserig zeigen, wenn es darum geht, Leuten in Not zu helfen.«

Das eine tun, aber das andere nicht lassen: Mit diesem Ansatz geht Ellen Ringier seit fünfzehn Jahren offensiv die Wohlhabenden der wohlhabenden Schweiz an. Damit macht sie sich nicht nur Freunde. Als »Kryptokommunistin« muss sie sich gelegentlich beschimpfen lassen. Ein Banker hat sie einmal nachdrücklich gebeten: »Steck meine Frau bloß nicht mit deinem Virus an!« Und betuchte Bekannte sollen in der Züricher Innenstadt schon mal die Straßenseite wechseln, wenn Frau Ringier entgegenkommt. Die Angst ist zu groß, sie könnte wieder ein paar tausend Franken für irgendein Sozialprojekt erbitten. Und dann wäre es doch zu peinlich, nein sagen zu müssen. Immer wieder hat die gelernte Juristin den Eindruck: »Im Grunde mache ich mich lächerlich.« Sie hat vor, dies auch weiterhin in Kauf zu nehmen, denn sie möchte sich zum einen auch in Zukunft als »Teil eines gesellschaftlichen Ganzen« verstehen. Und außerdem: »Mein Leben ohne den Einsatz für die Gemeinschaft wäre einfach unendlich viel ärmer.«

Stiften macht süchtig

»Wenn ein Stifter den kleinen Finger reicht, muss er wissen, dass er den ganzen Arm gibt«, sagt Rupert Graf Strachwitz. Er ist Direktor des Berliner Maecenata Instituts für Philanthropie und Zivilgesellschaft an der Humboldt-Universität, und Geschäftsführer der Beratungsfirma Maecenata Management GmbH. Rund 250 wohlhabende Stifter hat er über die Jahre bei Stiftungsgründungen begleitet. Dabei hat er immer wieder beobachtet: »Stiften macht süchtig.« Schon bei der Gründung planen viele Stifter, ihr finanzielles Engagement aufzustocken, wenn sich die Arbeit der Stiftung gut entwickeln sollte. Den Umfang künftigen Engagements unterschätzen die meisten jedoch erheblich. Viele werden in ihre Stiftungsarbeit regelrecht hineingesogen. Ein Beispiel: Ein Münchener Bauunternehmerpaar stieß auf einer Reise durch Burkina Faso auf einen kaputten Staudamm. Den wollte es kurzerhand reparieren. Als der Stausee wieder Wasser hatte, fiel dem Paar auf, dass es keine anständigen Bewässerungssysteme für die umliegenden Felder gab. Projekt Nummer zwei wurde gestartet. Als das Bewässerungssystem funktionierte, war klar: Die Menschen müssen geschult werden, das System richtig zu nutzen und zu erhalten. Die Münchener bauten also, mit Unterstützung aus dem deutschen Freundes- und Bekanntenkreis, ein Schulungszentrum für Reisanbau und Fischzucht auf. Dabei wurde deutlich, wie wenig Kinder in der Region überhaupt die Chance haben, auf eine weiterführende Schule zu gehen. Die in der Zwischenzeit gegründete Stiftung entwickelte ein Förderprogramm für besonders begabte Kinder, wollte aber gleichzeitig nicht die örtlichen Grundschulen benachteiligen. Folglich errichtete sie Schulküchen und Latrinen und investierte in Bauerhaltungsmaßnahmen von maroden Gebäuden. Zurzeit ist die Stiftung auf der Suche nach Partnern für ein Waisenhaus.

Ähnlich ging es Klaus Krone. »Auch ich habe irgendwann mal mit einem Ehrenamt angefangen«, erzählt der Berliner Unternehmer, Jahrgang 1941. »Aber wenn du einmal den Finger hebst, wirst du halt immer wieder gefragt.« Nein sagen gehört offenbar nicht zu seinen Stärken. Eine Stiftung hat Krone bislang nicht gegründet, dafür viel Zeit und Geld in die gemeinnützigen Initiativen anderer gesteckt. Der Vater gab Krone den Satz »Jeht nich jibts nich!« auf den Weg, lange bevor ein Baumarkt die hochdeutsche Version zum Claim einer nationalen Kampagne machte. Der Sohn beherzigte die Regel im Beruf als Vorstandsvorsitzender und Haupteigentümer des Telekommunikationsunternehmens Krone AG, Aufsichtsrat bei Axel Springer, Vorstandsmitglied des Branchenverbandes BITKOM und Mitglied des Beirates Ost der Dresdener Bank. »Jeht nich jibt's nich« galt für Krone aber auch immer als privater Mäzen, Großspender und engagierter Bürger auf Dutzenden Baustellen. Der Fachhochschule Potsdam schenkte er vor sechs Jahren die Klaus-Krone-Stiftungsprofessur für innovative Dienstleistungen und technologieorientierte Existenzgründungen. Krone war lange Zeit Vorsitzender des Förderkreises der Deutschen Oper Berlin, stiftet für den Denkmalschutz, war Business Angel, Vorsitzender des Berliner Kuratoriums der Studentenvereinigung AIESEC sowie des Kuratoriums der Internatsschule Schloss Neubeuren. Er war Mitglied des Stiftungsrates des Jüdischen Museums und ist heute Schatzmeister von dessen Förderkreis. Zudem hat er einen Sitz im *European Council* der Ben Gurion Universität in Israel. Klaus Krone ist der Typ Mensch, der bei seinem Gegenüber die innere Frage aufwirft: Warum habe ich selbst eigentlich nicht auch so viel Energie. Dies gilt besonders, wenn er von seinem Lieblingsprojekt erzählt, der »Schlesische27«. Rund 1,5 Millionen Euro privates Geld hat er in den letzten zwanzig Jahren in das »JugendKunst- und Kulturzentrum« im sozialen Brennpunkt Wrangelkiez in Kreuzberg gesteckt. »Und dabei eine ganze Menge gelernt«, betont er immer wieder.

Die »Schlesische27« versucht die Kinder und Jugendlichen, ein großer Teil von ihnen türkischer Abstammung, mit kreativen Angeboten von der Straße zu holen. Bei Malerei, Musik, Tanz, Fotografie, Filmprojekten oder Bildhauerei sollen sie »ihre kreativen Grenzen austesten und überschreiten«, heißt es auf der Webseite der Initiative. Sie schafft »internationale Begegnungen« und »mit der Kunst werden Toleranz und Kooperationsfähigkeit gefördert«. Krone formuliert das etwas ruppiger: »Die Jungs da im Kiez stehen mit einem Bein im Knast, die Mädchen am Rande der Prostitution, da muss man etwas entgegensetzen.« Bei der Gründung im Jahr 1983 finanzierte die Europäische Gemeinschaft den Löwenanteil. Vier Jahre später versiegte diese Quelle. Der Berliner Senat übernahm die Basiskosten. Der Kulturkreis der Deutschen Wirtschaft im Bundesverband der Deutschen Industrie (BDI) zahlte danach für die Projektarbeit. Über den BDI wurde auch der Vorstandsvorsitzende der Krone AG aufmerksam. Vorher war der Berliner Krone eigentlich nie in Kreuzberg gewesen. »Man dachte in unseren Kreisen ja, dass man da mit seinem Auto nie wieder heil rauskommt«, sagt er heute und lacht über sich und seine Kreise. Das Engagement der Künstler und Sozialarbeiter, die in Kreuzberg mit den Kindern arbeiteten, faszinierte ihn. Immer öfter sprang er bei Einzelprojekten finanziell ein – und trat mit seiner Unternehmermentalität zunächst in ein Fettnäpfchen nach dem anderen. »Wenn sie da mit Schmackes auftreten, dann ziehen die sich zurück. Das ist ja aber in dem Fall gar nicht Sinn der Übung. Das musste ich erst mal kapieren.«

Klaus Krone kapierte, dass ein konservativer Unternehmer in einem multikulturellen Kunst- und Kulturzentrum auch dann keine Befehle geben kann, wenn er das Geld mitbringt. Anschließend wurde er Vorsitzender des »Förderkreises Schlesische27«. Seine wichtigste Aufgabe war das Fundraising, und so genannte Finissages wurden hier zum erfolgreichsten Instrument. Zu jedem Jahresende versteigerte Krone die 50 besten Bilder aus den Malworkshops in festlichem Rahmen in seinem Unternehmen. Wer reich ist, hat reiche Freunde. Und wer in Berliner Unternehmerkreisen etwas auf sich hielt, wollte hier dabei sein. Im besten Jahr kamen mehr als 600000 Mark zusammen. Über Krones Schreibtisch hängt das »Punk Chicken«, ein buntes Huhn mit Irokesenschnitt, das heute Maskottchen der Jugendkultur-Initiative ist. 29000 Mark hat Krone dafür bezahlt. Keinen Pfennig zu viel, sagt er: »Wenn Sie sehen, wie dem kleinen Jungen, der das

Bild gemalt hat, vor Freude die Tränen runtergelaufen sind, als er hörte, wie viel Geld sein Bild für die Schlesische27 eingebracht hat, dann wissen Sie, dass man Geld nicht besser anlegen kann.«

Die Sozial-Unternehmer

Klaus Krone ist ein Geschäftsmann, der den Ehrgeiz entwickelt hat, seine unternehmerischen Fähigkeiten ein zweites Mal sozial gewinnbringend einzusetzen. Graf Strachwitz nennt diese Menschen »Sozial-Unternehmer«. Der Berater kann mit vielen Beispielen belegen, dass dieser Typus besonders viel bewegen kann. Sozial-Unternehmer zu finden und zu motivieren, ist eine seiner Aufgaben. Bei den 250 Gesprächen mit potenziellen Großspendern hat Strachwitz festgestellt: Wenn jemand zu ihm kommt und vor Gemeinnützigkeit nur so trieft, geht es ihm meist um ein PR-Anliegen oder die VIP-Lounge im Fußballstadion. Der knorrige Unternehmer hingegen, der brummelt, man könne da mit einer Stiftung doch irgendwie Steuern sparen und er wolle sich mal unverbindlich informieren, wie das geht, habe oft ein tief empfundenes Anliegen. Strachwitz merkt dann: »Da glimmt tief innen eine Glut. Die zum Brennen zu bringen ist das Ziel.«

Bei den erfolgreichen Sozial-Unternehmern ist es die Verbindung von Person und Anliegen, die eine Stiftung, einen gemeinnützigen Verein oder eine Initiative zum Selbstläufer machen kann. Egal ob es um Alzheimer-Kranke, Schulen für Waisenkinder in Brasilien oder die Förderung von jungen Musikern geht: Wenn ein wohlhabender Mensch mit Gemeinsinn von seiner Sache überzeugt ist, wird er einen Ehrgeiz entwickeln, den der Sozialstaat nicht kennt – und erreicht einen Grad an Identifikation mit dem guten Zweck, den eine einzelne Spende nicht herstellen kann. Fußball-Bundestrainer Jürgen Klinsmann sagt es so: »Wie viele andere Personen, die in der Öffentlichkeit stehen, wurde auch ich häufig um Spenden gebeten. Da ich aber weder Bezug zu den großen Organisationen hatte noch nachvollziehen konnte, wo und wie mein Geld verwendet wird, war ich dazu nie wirklich gerne bereit.« 1995 gründete Klinsmann eine eigene Stiftung für hilfsbedürftige Kinder mit Projekten in Deutschland und mehreren osteuropäischen Staaten. Jetzt fällt das Geben leichter: »Es lohnt sich auf jeden Fall, eine Stiftung zu gründen, weil man damit viel bewegen, dem Ganzen seinen eigenen Stil und eine spezielle Richtung geben kann. Und man kann genau nachvollziehen, wofür jeder einzelne Euro verwendet wird.«

Einer der erfolgreichsten Sozial-Unternehmer in Deutschland ist der ehemalige Fleischindustrielle Karl Ludwig Schweisfurth. Anfang der achtziger Jahre beschäftigte er in seinen Wurstfabriken 5000 Mitarbeiter und machte mit seinen Marken »Herta«, »Artland« und »Doeffler« umgerechnet 750 Millionen Euro Jahresumsatz. Seine Kinder wollten von seinen Geschäftserfolgen allerdings wenig wissen. An der Unternehmensnachfolge waren sie nicht interessiert, sondern kritisierten den Vater wegen seiner Massentierhaltung. Die Familie entfremdete sich von ihm. Mit fast 60 Jahren entschied Schweisfurth, »einmal etwas Richtiges zu unternehmen«. Er verkaufte sein Industriewurst-Imperium an den Lebensmittelkonzern Nestlé und gründete die »Schweisfurth-Stiftung«. Deren Ziel ist es seit 1985, »Wege zu ganzheitlichem und erfülltem Leben, in dem Arbeit und Technik in Einklang mit der Natur gebracht werden« zu finden. Heute gilt Schweisfurth als einer der Pioniere der ökologisch nachhaltigen Fleischproduktion, in der auch die »Schweine ihre Würde« behalten sollen. Inzwischen weit über 70, tourt der Westfale unermüdlich um die Welt und wirbt für seine Sache. Seine Familie hat über die Naturproduktion wieder zusammengefunden. Ein Sohn betreibt Bio-Supermärkte, der andere leitet die ökologischen Landwerkstätten der Familienstiftung. In seiner Autobiografie schildert Schweisfurth eindrücklich, wie glücklich ihn die Stiftungsarbeit macht.

Fast alle Reichen, die sich für die Großzügigkeit entschließen, machen diese Erfahrung. Stifter sind mit der Arbeit ihrer Stiftung in großer Mehrheit zufrieden oder sehr zufrieden. Die Zufriedenheit ist besonders hoch, wenn sich ein Stifter selbst stark engagiert. Dies scheint sich herumzusprechen. Persönliches Engagement von wohlhabenden Stiftern, also aktive Mitarbeit anstelle der reinen Geldspende, ist ein Trend, den die Reichtumsforschung beobachten kann.

Investives Geben

Eine wichtige Erkenntnis der Stifter-Studie lautet: Die großen Geber wollen nicht mehr – wie seit Jahrhunderten Tradition – an ihrem Todestag »von Todes wegen« stiften. Sie wollen zu Lebzeiten ein gemeinnütziges Anliegen, das ihnen besonders am Herzen liegt, aktiv vorantreiben. Deshalb bringen die heutigen Stifter in der Mehrzahl nicht nur Geld in ihre Stiftung ein, sondern auch Zeit, Ideen und ihre Netzwerke. Auf die Frage, was sie beim nächsten Mal anders machen würden, antworten viele großzügige Geber: »Ich würde früher anfangen.«

Diese späte Erkenntnis geht einher mit einem weltweiten Trend: Philanthropen mit viel Geld werden immer jünger. In den USA haben sich in den letzten Jahren viele Stifter im Alter zwischen 30 und 45 hervorgetan, die in der New Economy reich geworden sind. Die Google-Gründer Larry Page und Sergey Brin wollen mit der *Google Foundation* weltweit zur Armutsbekämpfung beitragen. Der texanische Computerproduzent Michael Dell hat eine Milliarde Dollar in seine auf Kinder ausgerichtete Dell-Foundation eingebracht. Ebay-Mitgründer Jeffrey Skoll hat sich aus der Geschäftsführung seines Unternehmens sogar vollständig zurückgezogen, um sich voll der nach ihm benannten Stiftung mit weit gefasstem sozialem Stiftungsziel zu widmen. Wenn Stifter dieser Generation über ihre Arbeit und Ziele reden, fällt auf: Fast alle wollen in sehr hohem Maße selbst darüber entscheiden, wie das Geld der Stiftung verwendet wird. Dies mag nicht überraschen. Schließlich entscheiden sich viele Reiche gerade deshalb, eine Stiftung zu gründen, weil sie glauben, ihre Mittel effektiver und sinnvoller einsetzen zu können als der (Sozial-)Staat oder die etablierten Wohlfahrtsorganisationen. Nach Stiftungsgründung stellen viele Gründer gleichwohl fest, dass auch das Geben eine Herausforderung ist. Software AG-Stifter Schnell meint: »Geld verdienen, zum Beispiel durch Produktion, Handel, Dienstleistung, oder Geld machen, zum Beispiel durch Börsenspekulation, ist relativ einfach. Aber größere Geldbeträge sinnvoll ausgeben, ist schwer. Beim Schenken ist man selbst gefordert, sich mit dem Schicksal eines Projektes, einer Menschengruppe, seelisch zu verbinden. Es ist nicht damit getan, einen Scheck zu unterschreiben.«

Die meisten Großzügigen neuen Typus' verstehen ihr Engagement als Investition in soziales Kapital. Gerade junge Stifter unterscheiden das Geben häufig in die Kategorien »investiv« und »konsumtiv«. Mit »investiv« meinen sie in der Regel die Förderung von Chancen von Kindern und jungen Menschen, technische Innovationen oder Impulse für gesellschaftlichen Wandel. »Konsumtiv« beschreibt meist die Linderung von Leid, eine Aufgabe, die viele junge Philanthropen lieber dem Sozialstaat oder der Kirche überlassen. Es ist legitim und sinnvoll, wenn Spender und Stifter mit großen finanziellen Möglichkeiten sich auf gemeinnützige Anliegen mit investivem Charakter konzentrieren wollen. Gerade im Bereich der Chancengerechtigkeit hat unsere Gesellschaft einen erheblichen Nachholbedarf. Der deutsche Sozialstaat ist trotz eines nahezu durchgängig kostenlosen Bildungssystems daran gescheitert, Chancengerechtigkeit und damit soziale Mobilität auf einem Niveau herzustellen, das sich mit vergleichbaren Nationen messen lassen kann. Zurzeit hat gar ein mexikanisches Kind aus der Unterschicht statistisch gesehen bessere Chancen auf sozialen Aufstieg als ein deutsches. Es wäre eine große Chance für die Gesellschaft, wenn gerade Geber mit unternehmerischem Hintergrund Kindern aus bildungsfernen Milieus helfen würden, die eigenen Möglichkeiten zu entdecken.

Ein weiteres Prinzip, das der kommenden Generation der Großzügigen durchgängig am Herzen liegt, ist die »Hilfe zur Selbsthilfe«. Die Software AG-Stiftung achtet darauf, dass Initiativen nie so viel Geld bekommen, dass bürgerschaftliches Engagement durch professionelle Arbeit zurückgedrängt wird. Günther Jauch hat das Ziel, dass seine Spenden möglichst oft einen »aktivierenden Charakter« haben. »Aktivierender Charakter« bedeutet für Jauch Folgendes: Ein Schullandheim in Brandenburg kann seit Jahren nicht eröffnet werden, weil 35 000 Euro für den Abschluss der Sanierung fehlen. Der Moderator bietet den Projektverantwortlichen eine Art progressiven »matching fund« an. Zu den ersten 5000 anderweitig gesammelten Euro schießt er 2500 Euro zu. Die Tranche 5000 bis 10 000 Euro verdoppelt der Moderator. Ab dem 10 000. Euro gibt es pro organisiertem Euro zwei Euro Zuschuss. Kürzlich konnte das Schullandheim eröffnen. Bei der Renovierung des Potsdamer Marmorpalais versuchte Jauch sich in »sanfter Erpressung«. Vertraglich sicherte er zu, für rund 150 000 Euro die Restaurierung des Goebelersaals im Marmorschlösschen zu finanzieren. Das Angebot war allerdings an eine Bedingung gebunden. Die Stiftung Preußischer Schlösser und Gärten musste endlich für wenige zehntausend Euro das Dach reparieren. Bereits restaurierte Teile des Palais wurden zu diesem Zeitpunkt wieder durch Regenwasser beschädigt. Der sanfte Erpressungsversuch hatte Erfolg.

Kurze Zusammenfassung: Es fällt leicht, eine Reihe von Positivbeispielen reicher Bürger zu finden, die sich für Menschen engagieren, die weniger Glück im Leben hatten. Die Groß-Geber berichten durchgängig, dass dieses Engagement ihr Leben bereichert und sie glücklicher macht. Sie glauben, dass sie besser, zielgenauer und effektiver helfen können als der Sozialstaat und sind mit der Arbeit ihrer Stiftungen und Initiativen hoch zufrieden. Da drängt sich die Frage auf: Warum tun eigentlich nicht mehr Reiche in diesem Land mehr für das Gemeinwohl? Trotz unsicherer Datenlage ist offensichtlich, dass wohlhabende Deutsche im internationalen Vergleich nicht besonders großzügig sind. Es gibt auch keine Hinweise darauf, dass sich die Spenden- und Stiftungssummen in den letzten zwei Jahrzehnten in absoluten Zahlen erhöht haben. Inflationsbereinigt bedeutet das einen starken Rückgang. Angesichts großer Vermögenszuwächse in den oberen Einkommensklassen können die Reichen sich hier nicht aus der Verantwortung stehlen. In den letzten Jahren war immer wieder von einem Stiftungsboom die Rede, der oft als Zeichen für größeres Engagement der Mittel- und Oberschichten gewertet wurde. In der Tat hat sich die Zahl der jährlichen Stiftungsneugründungen seit 1990 auf heute rund 800 vervierfacht. Ein genauer Blick auf die Art der Gründungen zeigt aber: Der Stiftungsboom wird nicht von vermögenden Privatleuten getragen. Eher das Gegenteil ist der Fall. 2003 wurden nach Angaben des Bundesverbandes Deutscher Stiftungen gerade noch 39 Stiftungen von Privatleuten in Leben gerufen. In den neunziger Jahren waren es durchschnittlich noch 150. Die vielen Neugründungen gehen auf das Konto von öffentlichen und privaten Institutionen, die vor dem Hintergrund knapper öffentlicher Kassen Stiftungen als Fundraising-Instrument entdeckt haben und die steuerlichen Privilegien der Rechtsform Stiftung nutzen wollen. Die Antwort auf die Frage »Warum nicht mehr?« fällt deutlich schwerer als die Suche nach den Guten.

Politikwissenschaftler Leggewie stellt fest, dass auch die Reichen die Umverteilungsmentalität vollkommen verinnerlicht haben. Ein Vorstand einer deutschen Großbank wollte Leggewie kürzlich von der Einführung von Studiengebühren überzeugen. Der Hochschullehrer fragte zurück: »Haben Sie der Uni Freiburg, an der Sie in den siebziger Jahren studiert haben, jemals eine müde Mark Spende zukommen lassen?« Der Banker mit

Vorstandsgehalt musste zugeben, dass er darüber noch nicht ein einziges Mal nachgedacht hatte. Ellen Ringier berichtet von einem Züricher Freund, der als Rotarier zugunsten einer Alzheimer-Initiative zu einem Dinner einlud. Als Spende wurden für den Abend 1000 Franken erbeten. Der Freund hakte bei einem hochrangigen Manager nach, der bis dato weder ab- noch zugesagt hatte, ob er mit dem Kommen noch rechnen dürfe. Die Antwort des Managers: »Ich würde gerne kommen, aber ich weiß einfach nicht, von welchem Geschäftskonto ich die Spende abbuchen kann.« Auf einer Charity-Versteigerung im Berliner Nobelhotel Adlon freute sich unlängst die bekannte Ex-Frau eines bekannten Ex-Tennisspielers in Begleitung eines bekannten Ex-Stars des Neuen Marktes diebisch darüber, dass sie ein Versace-Kostüm im Wert von 20000 Euro zum Schnäppchenpreis von 2000 Euro erhaschen konnte.

»Unter den Reichen in Deutschland fehlt bei der Großzügigkeit jedes kompetitive Element«, urteilt Rainer Sprengel, Sozialwissenschaftler und stellvertretender Leiter des Maecenata Instituts. Die Anthropologie kennt gegenteilige Beispiele. Die Clans der Kwakiutl-Indianer an der Nordwestküste der USA beschenken sich gegenseitig bei einem Ritual namens »Potlatch», bis die rivalisierende Sippe nicht mehr mithalten kann. Die Fähigkeit, großzügig zu sein, ist Gradmesser für Ehre und Status. Bourdieu spricht in diesem Zusammenhang von »einem Habitus, der symbolisches Kapital erhalten und mehren soll«. In der Oberschicht der USA ist es heute hingegen üblich, offen und viel über das gemeinnützige Engagement zu sprechen. Diese Gespräche haben durchaus Wettbewerbscharakter nach dem Motto: Meine Stiftung ist aber größer als deine. Die Fähigkeit, großzügig zu sein, ist Gradmesser für Ehre und Status. Rainer Sprengel kennt den Fall eines amerikanischen Zoos, in dem verschiedene Familien einer Stadt versucht haben, sich bei der Anzahl der Sponsoring-Plaketten für einzelne Gehege gegenseitig zu überbieten. Das hat in den USA nichts Anrüchiges. Der Zoodirektor dürfte sich gefreut haben. Wer hingegen die schäbigen Plastikschildchen im Berliner Zoo kennt, wird sich kaum wundern, dass ein Wettbewerb im Tier-Sponsoring hierzulande bislang nicht beobachtet wurde.

Deutsche Philanthropen bewegen sich hingegen auf dünnem Eis, wenn sie über gemeinnütziges Engagement sprechen. »Da kommen immer wieder Sprüche wie ›Hast du nichts Besseres mehr zu tun?‹ oder ›Brauchst du das jetzt für dein Ego?‹«, erzählt Sprengel. Auch Familienangehörige seien nicht immer begeistert, wenn ein Unternehmer laut über große Spenden oder eine Stiftung nachdenkt. Schnell kommt da der Verdacht auf: Oh Gott, jetzt verbrät der Alte unser Erbe. Stifter berichten auch immer wieder, dass sie den Eindruck haben, bei anderen Vermögenden ein schlechtes Gewissen hervorzurufen, wenn sie über ihr karitatives Engagement sprechen. Deshalb ließen sie es lieber bleiben. In einer solchen Kommunikationskultur ist Philanthropie leider wenig ansteckend.

Die richtige Ansprache

Es fehlt in Deutschland an einer angemessenen Ansprache potenzieller Geber. Reiche werden mit Bettelbriefen überschüttet, zumindest wenn ihr Reichtum bekannt ist. Auf ihre Partys laden reiche Gastgeber aber – im Unterschied zu Festen in den USA – leider keine professionellen Fundraiser ein, die gut geschult und diskret an einem Tisch in einer Ecke unter den Partygästen für einen guten Zweck werben dürfen. Britische und amerikanische Studien zeigen, dass Reiche sich oft gar nicht bewusst sind, wie wohlhabend sie überhaupt sind. Und wie viel sie auch unter Berücksichtigung aller Negativszenarios und Absicherung der Kinder für ein eigenes Leben in Luxus noch brauchen werden. Angelsächsische Fundraiser sehen eine ihrer zentralen Aufgaben darin, Reiche über ihren Wohlstand aufzuklären. Erst langsam entstehen auch in Deutschland Strukturen für eine systematische Beratung von potenziellen Philanthropen. Wie beschrieben: Sinnvoll und effektiv spenden ist eine schwierige Angelegenheit. Professionelle Beratung macht oft Sinn, darf aber nicht viel kosten, weil reiche Geber ja gerade vermeiden wollen, dass ihr Geld für Verwaltungskosten draufgeht.

Das Problem der richtigen Ansprache ist komplex. Uns fehlt eine Kultur des Forderns, die den richtigen Ton trifft. Bill Gates wurde jahrelang nüchtern und systematisch mit dem Vorwurf konfrontiert, dass er zwar der reichste Mann der Welt sei, aber nicht die größte Stiftung habe. Vor einigen Jahren hat der Microsoft-Gründer das korrigiert und bis Ende 2005 knapp 25 Milliarden Dollar in die *Bill and Melinda Gates Foundation* eingebracht, die sich den Themen globale Armut und Gesundheit widmet. In Deutschland hingegen ist die Debatte um das Thema Reichtum (und daraus folgende Forderungen) so stark von Sozialneid geprägt, dass eine rationale Auseinandersetzung kaum noch möglich ist. Armutsbekämpfung wird kaum Erfolg haben, wenn man sie in der Diktion der Reichtumsbekämpfung führt, weil sich die Reichen so kaum für die gemeinsame Sache gewinnen lassen.

Auch Günther Jauch redet nicht immer gern über sein karitatives Engagement. 30 Millionen Zuschauer erreicht er mit seinen Sendungen jede Woche. Jeden Tag erreichen ihn Dutzende Briefe mit der Bitte um Unterstützung. Jauch nimmt sich täglich eine Stunde Zeit, jede Anfrage persönlich zu beantworten. Und natürlich geht es ihm wie allen exponierten Spendern: Er kann nur einem kleinen Teil der Menschen, die sich an ihn wenden, seine Hilfe anbieten. »Doch wenn man von hundert Projekten zwei unterstützt, ist der öffentliche Verdruss über die 98 Absagen oft größer als der Jubel über die beiden geförderten«, beobachtet Jauch. »Es gibt die nicht unweit verbreitete Einstellung: Der hat doch die Kohle, also kann er sie auch rausrücken.« Der Ton nach

Absagen wird mitunter aggressiv – und die Verteilungskämpfe werden härter. Als das Sozialprojekt Potsdamer Tafel vor einigen Jahren in finanziellen Schwierigkeiten steckte, durfte Denkmalschützer Jauch einen Kommentar in der Lokalzeitung mit dem Tenor lesen: Bestimmte Persönlichkeiten sollten sich einmal Gedanken darüber machen, ob es nicht sinnvoller sei, »Menschen statt Steine« zu fördern. Nun unterstützte Jauch zu diesem Zeitpunkt auch die Potsdamer Tafel mit substanziellen Beträgen. Doch unabhängig davon: Vielen Menschen in unserer Gesellschaft ist das Bewusstsein dafür abhanden gekommen, dass ein Geber frei entscheiden kann, wem er seine Spende oder sein Engagement zukommen lassen möchte.

Ein Spender muss sich nicht dafür rechtfertigen, wenn sein Portemonnaie bei anderer Gelegenheit geschlossen bleibt. Das mag sich wie eine Selbstverständlichkeit anhören. Doch überzogenes Anspruchsdenken gibt es eben nicht nur bezogen auf den Sozialstaat. Moderator Jauch hat die Erfahrung gemacht, dass einige Projekte, die er einmal unterstützt hat, daraus mehr oder weniger offen einen Anspruch auf regelmäßige Finanzspritzen ableiten. Andere verlieren jeden Sinn für das realistisch Mögliche. Ein Unternehmer schrieb Jauch, er sei unverschuldet in die Insolvenz gegangen und brauche jetzt 2,5 Millionen Euro. Und zwar bis spätestens übermorgen! Dieser Fall mag amüsant sein. Doch in ihm steckt auch eine weitere unsympathische Eigenart der Nehmer-Gesellschaft. Es fehlt oft an Respekt vor denen, die freiwillig geben.

Angemessene Ausdrucksformen von Dankbarkeit dürften ebenfalls nicht zu den besonderen Stärken der deutschen Kultur gehören. In Großbritannien ist es nach wie vor üblich, sich nach einer Einladung zum Abendessen noch einmal schriftlich zu bedanken. Reiche Spender reden selten offen über fehlende Dankbarkeit. Doch in Hintergrundgesprächen wird immer wieder deutlich, dass sie ihr Engagement nicht als Selbstverständlichkeit verstanden wissen wollen. Gute Fundraiser wissen: Dankbarkeit ist einer der zentralen Schlüssel, Spender zu weiterem Engagement zu motivieren.

Der Formel »Reichtum verpflichtet« stimmen übrigens überraschend viele Reiche zu. Unter den Stiftern der Bertelsmann-Studie sind es 80 Prozent. Zum Vergleich: Im Bevölkerungsdurchschnitt sind es nur 62 Prozent. Gleichwohl sind die meisten Wohlhabenden der Meinung, dass sie ihrer Pflicht bereits mit hohen Steuerzahlungen nachkommen. Freiwillige Spenden und freiwilliges Engagement sind aus ihrer Sicht eine Zusatzleistung, die sie zwar gerne erbringen, für die sie sich aber bitte nicht noch rechtfertigen müssen. Das ist zu Teilen nachvollziehbar. Vermögende sollten jedoch fehlendes Engagement für andere nicht stereotyp mit dem großen Sozialneid entschuldigen, unter dem sie immer zu leiden hätten. Fest steht übrigens auch: Es gibt immer mehr Reiche. 1997 gab es nach Berechnungen von Merrill Lynch und Capgemini rund eine halbe Million Menschen mit einem Nettovermögen von einer Million Euro. Heute sind es über 750 000.

5. Das Billiarden-Spiel – Die nationale Erbengemeinschaft

Jeder muss sich an der gleichen Startlinie aufstellen.

Thomas Jefferson

Der Erb-Trichter

In der Frankfurter Sponti-Szene war Tom Koenigs schon länger kein Unbekannter. 1973 brachte er es auf einen Schlag zu nationaler Berühmtheit. Über die Vertretung der Nationalen Befreiungsfront von Süd-Vietnam in Ostberlin ließ der Bankierssohn – heute UN-Sonderbeauftragter für Afghanistan – dem nordvietnamesischen Vietkong einen großen Teil seines Erbes zukommen. Angeblich erhielt Koenigs als Dank für 800 000 DM bar im Geldkoffer eine original vietnamesische Stehlampe aus Bambus. Der Vietcong sollte mit der Spende Waffen für den Krieg gegen die amerikanischen Aggressoren kaufen. Den Rest seines geerbten Vermögens spendete der Frankfurter Sponti angeblich für chilenische Untergrundkämpfer und Projekte kommunistischer Organisationen der Bundesrepublik.

Koenigs politisch motivierte Erbspende an den Vietcong blieb eine Kuriosität der westdeutschen Geschichte. Die Frage, was mit Geld passiert, wenn es von einer Generation auf die nächste übergeht, ist hingegen in allen westlichen Industrienationen von großer gesellschaftlicher Bedeutung. Heute mehr denn je. Der Non-Profit-Sektor schaut weltweit gebannt auf die Aufbaugeneration, die über sechzig Jahre hinweg ohne Kriege (zumindest im eigenen Land) und wirtschaftlichen Zusammenbruch Vermögen hat bilden können – und jetzt nach und nach abtritt. Und sie schaut auf die Generation der Erben, die Baby Boomers, die in gesicherten finanziellen Verhältnissen aufwuchs und in der überwiegenden Mehrzahl auch nach wie vor finanziell gesichert lebt. Wie viel Prozent ihres Vermögens sind Erblasser unter welchen Bedingungen bereit, dem Gemeinwohl zu übergeben? Und was werden Erben mit dem vielen Geld machen, das ihnen in den Schoß fällt? Die Erbsummen, so viel ist sicher, sind enorm und werden steigen – und zwar besonders in reichen Ländern mit geringer Geburtenrate wie Deutschland. Auf 100 Deutsche kommen zurzeit rund 66 Kinder. Bei konstanter Geburtenrate kommen also nur noch 44 Enkel zur Welt. Die erben dann trichterförmig, das heißt nicht nur von ihren Eltern, sondern auch von kinderlosen Onkeln und Tanten, Großonkeln und Großtanten usw.

Der britische Ökonom John Maynard Keynes schrieb 1930 einen Aufsatz mit dem Titel »Die ökonomischen Möglichkeiten unserer Enkel«. In ihm prophezeite Keynes, dass Ende des 20. Jahrhunderts eine neue Generation von Vermögenden heranwachsen wird, die das Ziel ausreichenden Wohlstands sehr früh erreicht. Diese Generation, so Keynes, würde sich dann viel intensiver mit der Frage beschäftigen können, welchen Sinn sie ihrem Leben mit Wohlstand verleihen soll. Ökonomen haben mit Langzeitprognosen selten Recht. Keynes ist in diesem Fall wohl eine Ausnahme.

Auch in Deutschland sind die Erbsummen, die in den kommenden Jahren und Jahrzehnten an die nächste Generation übergehen, astronomisch hoch. Die Aufbaugeneration des Wirtschaftswunders hat gut verdient und ihr Geld zusammengehalten. Jetzt übergibt sie es an die Kinder und Enkel des Wirtschaftswunders. Die Abteilung Economic Research der Dresdner Bank schätzt das Gesamtvermögen der privaten Haushalte im Jahr 2005 auf knapp zehn Billionen Euro, wovon 49 Prozent auf Immobilien und 41 Prozent auf Geldvermögen und der Rest auf Gebrauchsgüter entfallen. Von 2006 bis 2010 werden nach Berechnungen der Bank – auf Basis der Einkommens- und Verbrauchsstichprobe des Statistischen Bundesamtes von 2003 – Vermögen im Wert von 1030 Milliarden Euro vererbt. In den Jahren 2011 bis 2015 soll diese Summe auf 1300 Milliarden – also 1,3 Billionen – anwachsen. Konservativere Schätzungen, zum Beispiel vom Deutschen Institut für Altersvorsorge, gehen immerhin von jährlich mindestens 100 Milliarden Euro aus, die in Deutschland über Erbe den Besitzer wechseln. Rund die Hälfte der 15 Millionen Haushalte hat schon eine Erbschaft erhalten oder erwartet eine. Sicher scheint auch, dass die jährliche Zahl der Erbfälle kontinuierlich steigen wird. Auf Basis der Sterbetafel des Statistischen Bundesamtes von 2000/2002 erhöhen sich die Sterbefälle von heute 880 000 auf 1,1 Millionen im Jahr 2015.

Die Scheibe vom Erbe

In den USA gehen zurzeit bei jedem Übertrag auf die nächste Generation 10 bis 15 Prozent an Stiftungen und gemeinnützige Organisationen. »Wenn die Menschen nur so großzügig sind, wie sie bisher waren, gehen wir einem goldenen Zeitalter der Philanthropie entgegen«, glaubt Paul Schervish vom *Social Welfare Research Institute* in Boston. Bei gleich bleibender Spendenquote werden seinen Berechnungen zufolge bis 2052 dem gemeinnützigen Sektor allein aus Vermächtnissen sechs Billionen Dollar – also 6000 Milliarden Dollar – zufließen. »Durch ein gebündeltes

Maßnahmenpaket« hofft der Soziologe jedoch, »die Großzügigkeit in unseren Zeiten des Überflusses auch noch prozentual zum jeweiligen Vermögen steigern zu können«.

In den Vereinigten Staaten ist es eine Selbstverständlichkeit, dass die Zivilgesellschaft beim Erbvorgang – sei es vom Erben oder vom Erblasser – ihre Scheibe abbekommt. Zwar hat der Begriff »Erbschaftsmarketing« auch unter deutschen Fundraisern Konjunktur. Doch ob, wann und in welchem Umfang der Gemeinnutz vom Erben profitieren kann, wurde öffentlich bislang kaum diskutiert.

Völlig im Dunkeln tappen wir hingegen bei der Frage, wie viel beim Erbvorgang in Deutschland gemeinnützigen Zwecken zukommt. Doch auch wenn (mal wieder) konkrete Zahlen fehlen, gibt es Hinweise auf eine wachsende Bereitschaft von Erben und Erblassern, für andere zu geben. Einen liefert die Bertelsmann-Stifter-Studie.

Diese fragte nach konkreten Anlässen, die Menschen dazu bewegen, eine Stiftung zu gründen. Mehrfachnennungen waren möglich. 37 Prozent kamen auf die Idee zu stiften, als sie ihren persönlichen Nachlass ordneten. 27 Prozent der Stifter verfügten über keine geeigneten Erben. Auch wenn die Mehrzahl der Stiftungen heute nicht »von Todes wegen« gegründet werden, bleibt doch offensichtlich: Stifter verstehen ihre Stiftungen fast immer als einen Teil des persönlichen Nachlasses. Oft spielen dabei auch pädagogische Motive gegenüber den Erben eine Rolle. Gerade Unternehmer und erfolgreiche Geschäftsleute, die sich ihr Vermögen durch eigene Leistung aufgebaut haben, wollen ihren Kindern zwar eine gute Ausbildung und Entwicklungschancen mitgeben. Ihr Ehrgeiz soll aber nicht dadurch ausgebremst werden, dass ihnen ein großes Erbe einfach so in den Schoß fällt. Ein in der Studie interviewtes Stifterpaar formuliert das so: »Unsere Kinder sind in einem vernünftigen Rahmen finanziell abgesichert, und wir sehen keinen Anlass, ihnen das gesamte Vermögen zu hinterlassen, weil das den Anreiz, selbst etwas zu leisten, nur unnötig bremsen würde.« Bill und Melinda Gates handhaben es ähnlich und sagen dazu: »Wenn wir als Eltern mit unserer Erziehung erfolgreich sind, werden auch unsere Kinder zustimmen, dass sie nur einen kleinen Teil des Vermögens erben werden.« Die Gates-Erben sollen jeder »nur« fünf bis zehn Millionen Dollar bekommen, der Rest der dann wahrscheinlich dreistelligen Milliardensumme geht an die eigene Foundation. Wo Erben ganz fehlen, sind Stiftungen oder Vermächtnisse an gemeinnützige Organisationen ohnehin eine attraktive Option. Wenn keiner erbt, erbt zwar auch die Gemeinschaft – allerdings in Gestalt der Steuerbehörden.

»Bei vielen gemeinnützigen Organisationen spielen Vermächtnisse eine immer größere Rolle«, berichtet der Altmeister der deutschen Fundraiser und Mitgründer der Deutschen Fundraising Akademie Lothar Schulz. Europas größte diakonische Einrichtung, die von Bodelschwinghschen Anstalten Bethel, bekommen rund die Hälfte ihrer jährlich über 30 Millionen Euro Spenden aus Vermächtnissen. Bei den SOS Kinderdörfern ist der Anteil ähnlich hoch. Bei Krebshilfe- und Tierschutzorganisationen machen Erbschaften oft sogar zwei Drittel des gesamten Spendenetats aus. Immer wenn der Bund Deutscher Stiftungen oder die Deutsche Fundraising Akademie eine Broschüre zum Thema Erben und Vermächtnisse auflegen, sind sie im Handumdrehen vergriffen. Es herrscht offenkundig ein großer Informationsbedarf unter Erblassern und Erben. Schulz ist sicher: »Wenn wir die Menschen davon überzeugen können, dass wir mit ihrem Erbe etwas wirklich Sinnvolles gestalten, wird die Erbschaftswelle auch in Deutschland die gemeinnützigen Organisationen erreichen.« Auch einen griffigen Slogan für die Zielgruppe potenzielle Spender im fortgeschrittenen Alter hat er parat: »Man kann nichts mitnehmen. Man kann aber etwas vorausschicken.«

Häufig gilt: Wer etwas zu vererben hat, hat etwas gespart. Wer spart, gibt Geld in der Regel nicht mit Lust und vollen Händen aus, sondern überlegt sich genau, wofür er sich von seinem Geld trennt. Dies gilt besonders für eine Generation, die selbst noch große Not erlebt hat und für die das »Sparen für schlechte Zeiten« fester Bestandteil der eigenen Lebensplanung war. Damit Menschen bereit sind, einer gemeinnützigen Organisation zu geben, müssen sie von deren Arbeit überzeugt sein. Geht es bei Vermächtnissen um größere Summen, sind Geber naturgemäß besonders kritisch. Sie wollen, dass ihr Erbe möglichst lange einem guten Zweck dient. Eine Organisation, die von Erblassern bedacht werden will, muss sich also selbstkritisch fragen: Traut man uns zu, dass unsere Organisation die nächsten hundert Jahre überlebt? Oder: Ist unser Arbeitsfeld für kommende Generationen überhaupt notwendig? »Wer eine Vision hat und nachweisen kann, dass er sie zielstrebig verfolgt, wird immer Menschen finden, die ihn unterstützen«, glaubt Schulz. Dabei gilt für Vermächtnisse noch stärker als für Spendenakquise ein sehr einfacher Grundsatz: Eine gemeinnützige Einrichtung muss gute Arbeit leisten und dies auch nachweisen. Ehrlichkeit, Tüchtigkeit, Effektivität und Bescheidenheit sind die Grundtugenden, die eine Organisation mitbringen muss, wenn sie erfolgreich um Erbschaften werben will. Erfolgreiches Erbschaftsmarketing ist daher immer ein langwieriger Prozess.

Knapp 10 Prozent der deutschen Erblasser erwähnen nach Erkenntnissen des Deutschen Spendenrates in ihrem Testament eine Non-Profit-Organisation. Frauen schreiben im statistischen Mittel ihr Testament sieben Jahre vor ihrem Tod, bei Männern sind es fünf Jahre. Entsprechend früh müssen potenzielle Erbspender in das einbezogen werden, was Fundraiser »Beziehungsarbeit« nennen. Gelegentlich landen gemeinnützige Organisationen auch mal einen Glückstreffer bei Menschen, die ihnen noch nicht lange verbunden sind. In der Regel brauchen Fundraiser aber mindestens fünf Jahre, um einen Menschen davon zu überzeugen, die Organisation am Todestag zu bedenken. Das heißt, dass Spender im Schnitt mindestens zehn Jahre vor ihrem Tod auf eine Organisation aufmerksam werden müssen. In den USA geschieht die Ansprache möglicher Großspender »von Todes wegen« mitunter sehr offensiv. Große Organisationen schalten Anzeigen mit: »Wir pflegen Ihr Grab für 20 Jahre« oder »Wir pflegen Ihr Haustier bis zu dessen Tod«. »In Deutschland tun wir besser daran, den Menschen zu sagen, wie wir sie bereichern können«, kommentiert Lothar Schulz. Sein Ansatz zu Spenden zu überzeugen lautet: »Wir tun etwas für euch, was ihr gerne tun würdet, selbst aber nicht könnt, und das über euren Tod hinaus.«

»To fund« heißt ausgleichen. »To raise« heißt wachsen lassen. Die Auseinandersetzung mit dem eigenen Tod, und in der Folge mit dem eigenen Vermächtnis, ist auch ein Zeitpunkt, an dem sich Menschen mit Fragen der Gerechtigkeit und des persönlichen Beitrags für die Gemeinschaft auseinandersetzen. Das amerikanische Steuerrecht kennt für den psychologischen Prozess der Auseinandersetzung mit dem eigenen Tod ein Instrument, welches das Geben erleichtert: *planned giving.* »Geplantes Geben« sind Schenkungen oder Spenden, die einer gemeinnützigen Organisation oder Stiftung vertraglich festgelegt am Todestag des Gebers zukommen werden. Im Fall einer Notlage, zum Beispiel einer schweren Krankheit, kann die Schenkung wieder rückgängig gemacht werden. Und noch wichtiger: Die Erträge aus dem verschenkten Vermögen fließen bis zum Tod weiter dem Geber zu und sind in erheblichem Umfang steuerbegünstigt. Für viele Amerikaner ist die Steuerbegünstigung der entscheidende Anreiz, sich frühzeitig darauf festzulegen, an ihrem Todestag einen größeren Teil ihres Vermögens zu spenden.

In Deutschland ist »geplantes Geben« juristisch ebenfalls möglich. Christoph Müllerleile, heute freier Fundraisingberater und von 1989 bis 1995 Leiter der Abteilung private Förderer beim *World Wildlife Fund* Deutschland, berichtet von einer älteren Dame, die der Naturschutzorganisation vorab 800 000 Euro überschrieb, die an ihrem Todestag endgültig dem WWF zufielen. Auch die Zinseinnahmen kamen in diesem Fall schon den Naturschützern zugute. Der Vertrag sah auch die Klausel vor, dass die

Dame auf die Spende im Notfall wieder zurückgreifen konnte. Steuervorteile resultierten aus dem geplanten Vermächtnis keine. »Entsprechend selten kommt so etwas in Deutschland vor«, bedauert Müllerleile. Wie die gesamte Fundraisingbranche würde er sich wünschen, dass die Politik zumindest »einmal über das Thema Steuervergünstigungen für geplantes Geben nachdenkt«.

Das Erbe als psychologische Herausforderung

Doch es sind nicht nur die Erblasser, die Interesse am Gemeinnutz zeigen. Mehr als ein Viertel der deutschen Stifter nennt »plötzlichen Vermögenszuwachs« als konkreten Anlass für ihre Stiftungsgründung. Die Lottogewinner dürften darunter in der Minderzahl sein, die Erben in der Mehrheit. Einer von letzteren ist Jens Mittelsten Scheid. Sein Großvater und sein Vater stellten die Vorwerk-Staubsauger her. Der einzige Sohn Jens hätte in die Fußstapfen treten sollen. Stattdessen studierte er Anfang der siebziger Jahre Philosophie in Heidelberg und München, »um die Unehrlichkeiten in unserer Gesellschaft genauer zu ergründen«. Eine Dissertation brach er ab und ging in die Sozialarbeit. Als kleiner Angestellter der evangelischen Kirche kümmerte er sich zunächst um Obdachlose, später um Problemjugendliche. Heute führt ein Cousin die Firma, die nach wie vor voll in Familienbesitz ist. »Für Menschen ohne großes Vermögen ist das nur schwer nachzuvollziehen, aber ein großes Erbe ist psychologisch eine ganz schwierige Sache«, sagt der 65-jährige Vorwerk-Erbe. Mittelsten Scheid sitzt zwar im Beirat des Unternehmens. Den größten Teil seiner Zeit und einen großen Teil seines Privatvermögens steckt er jedoch in seine Münchner Forschungsgesellschaft »Anstiftung«, die seit 1982 nach Lebensmodellen sucht, die »Potenziale des Menschen jenseits von Markt, Konsum und Erwerbsarbeit besser nutzen«. Zudem steht er der Familienstiftung ERTOMIS vor, die sein Vater mit dem Zweck gründete, körperlich Behinderte besser in normale Arbeitsprozesse zu integrieren. Die beiden Stiftungen schütten heute zusammengerechnet rund 1,3 Millionen Euro jährlich für eigene Projekte aus. »Damit kann man schon was bewegen«, glaubt Mittelsten Scheid – und sieht sein Engagement auch als Fortführung einer Familientradition.

Vater und Großvater, sagt der Stifter, hätten sich immer als sozial verantwortliche Unternehmer verstanden. Heute unterstützen auch andere Familienmitglieder die beiden Stiftungen immer wieder mit hohen Beträgen. Mittelsten Scheid ist froh, seinen Weg gegangen zu sein. »Der Kampf für eine bessere Welt ist kleinteilig und mühsam«, sagt er und lacht leicht verlegen. »Doch man muss ihn halt führen.« Den anderen Weg hätte »ich wohl auch irgendwie hinbekommen«, glaubt der Stifter. Doch dass er in der Firma genauso glücklich geworden wäre, glaubt er nicht. In der protestantischen Familie Mittelsten Scheid galt immer die Devise: Was von Vorfahren ererbt ist, musst du selbst erwerben. Die Erben großer Vermögen fragen sich immer, ob sie dem Erbe überhaupt genügen können, hat Jens Mittelsten Scheid bei sich und anderen beobachtet. Psychologen kennen in diesem Zusammenhang den Begriff der »Erbschaftsdepression«.

Auch Soziologe Schervish hat festgestellt, dass Erben sich oft auf einer frustrierenden Sinnsuche befinden. Die Vielzahl der Möglichkeiten lähmt sie und treibt sie in eine Passivität, mit der weder sie selbst noch ihr Umfeld zufrieden sind. Oft verspüren solche Menschen einen Impuls zum Geben, aber Unsicherheit und Passivität sind zu groß. Schervish empfiehlt in solchen Fällen spezielle Beratungsgespräche, die er »archäologische Interviews« nennt. Ziel dieser Interviews ist es, biografische Erfahrungen auszugraben, die für Wünsche und Handeln in Gegenwart und Zukunft von Bedeutung sein können. Geht der Interviewte später die Aufzeichnungen des Gesprächs durch, ist ihm oft viel klarer, wofür er sich ernsthaft interessieren und engagieren könnte.

Frauen erben anders

Besonders hoch ist die psychologische Belastung für Frauen, die erben. Hoch ist auch die Chance, dass sie von ihrem Erbe etwas abgeben. »Frauen erben anders«, davon ist Marita Haibach überzeugt und hat ein Buch mit gleichem Titel geschrieben. Die ehemalige Staatssekretärin für Frauenangelegenheiten in Hessen glaubt, dass Frauen eher als Männer bereit sind, mit ihrem Erbe »im Sinne ihres Wertesystems« umzugehen und ihr »unverdientes« Vermögen zu teilen. Dies geschieht allerdings nur dann, wenn es ihnen gelingt, ein selbstbewusstes Verhältnis zu dem ererbten Geld zu entwickeln. Gerade für Frauen stellt sich eine Erbschaft nicht immer als warmer Geldregen dar. Sie fürchten, durch das Bekanntwerden ihres Erbes zur Außenseiterin zu werden, sie scheuen neue Verantwortung oder drohende Konflikte innerhalb einer Erbengemeinschaft, sie kämpfen häufiger als Männer mit Schuldgefühlen, weil es ihnen »unverdient« wirtschaftlich besser geht als den Menschen in ihrem Umfeld. Meist haben sie sich bisher wenig mit Geldanlage und Vermögensverwaltung beschäftigt. »Frauen haben weniger Rollenvorbilder, wenn es um selbstbewussten Umgang mit viel Geld geht. Und das behindert dann natürlich auch beim Stiften und Spenden«, glaubt Haibach.

Nach einer Erbschaft werden Frauen oft von einer Schar von »Beratern« bedrängt. Vor lauter Verunsicherung ziehen sich viele Erbinnen dann lieber zurück, anstatt die Gestaltungsmöglichkeiten zu nutzen, die das neue Vermögen mit sich bringt. Damit genau dies nicht geschieht, hat Haibach mit einigen Gleichgesinnten Ende der neunziger Jahre das Erbinnen-Netzwerk Pecunia ins Leben gerufen. Rund 60 wohlhabende Frauen haben sich dem Netzwerk mittlerweile angeschlossen, um Erfahrungen auszutauschen. Ihr Ziel ist es zunächst, das Erbe positiv anzunehmen und mehr Kompetenz im Umgang mit geerbtem Vermögen zu entwickeln. Pecunia versteht es aber auch als seine Aufgabe, Erbinnen zu gezieltem Geben zu inspirieren. »Wie kommen wir von der Zufallsspende zum strategischen Engagement, der Frage müssen wir uns stellen«, sagt die Netzwerkgründerin. Daraus ergeben sich andere Fragen: Wie lasse ich los? Wie gehe ich Spenden aktiv an? Wie finde ich »meinen Zweck«? Welche Organisationen gehen sorgsam mit dem Geld um? Einige Erbinnen des Netzwerks haben selbst eine Stiftung gegründet. Die filia-Stiftung mit Sitz in Hamburg will seit 2001 gesellschaftlichen Wandel im Interesse von Frauen anstoßen und fördert weltweit Frauenprojekte.

Aber insgesamt hat das Thema Erbinnen und Philanthropie in Deutschland bislang wenig Beachtung gefunden. Auch wenn keine genauen geschlechtspezifischen Vermögens- und Erbschaftsdaten vorliegen: Wahrscheinlich erben Frauen öfter als Männer. Schließlich leben sie im Durchschnitt länger. Zudem erben sie vermutlich größere Summen, denn Männer haben nach wie vor höhere Einkommen. Diese Umverteilung führt langsam aber sicher zu einer Vermögensverschiebung zugunsten der Frauen. Es gibt Hinweise, dass in den USA mittlerweile ein größerer Teil der privaten Vermögen in weiblicher Hand ist als in männlicher. Es würde sich lohnen, dieser Frage auch in Deutschland nachzugehen.

Linke Erben

Nicht nur Erbinnennetzwerke wollen gesellschaftlichen Wandel in ihrem Sinne beeinflussen. 2002 hat sich auch eine Gruppe junger globalisierungskritischer Erben zusammengefunden. Inzwischen ist ihre »Bewegungsstiftung« auf rund 50 Mitglieder angewachsen, die mit ihrem geerbten Geld »progressiven politischen Wandel« finanzieren möchten. Der Ansatz der Bewegungsstiftung: Die Erträge aus insgesamt 1,4 Millionen Euro Stiftungskapital kommen so genannten Graswurzel-Initiativen zugute, die sich für Demokratie, Frieden, Ökologie und Gerechtigkeit einsetzen. Darunter verstehen die politisch linken Bewegungsstifter zum Beispiel Aktionen und Kampagnen gegen genmanipulierte Nahrungsmittel, Bombenabwurfplätze der Bundeswehr, menschenunwürdige Flüchtlingslager oder die Hartz-IV-Reformen. Zusätzlich spenden viele Stifter für so genannte »Bewegungsarbeiter«. Als »Paten« sichern sie mit monatlich 10 bis 100 Euro gemeinsam den Lebensunterhalt von mehreren Vollzeitaktivisten sozialer Bewegungen, darunter den Anti-Atom-Aktivisten Jochen Stay oder Attac-Koordinator Sven Giegold.

Größter Einzelstifter der Bewegung ist Frank Hansen. Sein Thema sind die »Bürgerrechte in der digitalen Gesellschaft«. Um diese zu schützen, hat er in den letzten Jahren rund 340 000 Euro in die erste treuhänderische Sub-Stiftung der Bewegungsstiftung mit Namen »bridge« gesteckt. »Handy, Laptop, Internet und bargeldloses Bezahlen haben uns einen großen Zugewinn an Freiheit gebracht«, sagt Hansen. »Staat und Wirtschaft nutzen aber die Spuren, die digitale Medien hinterlassen, für das genaue Gegenteil. Sie überwachen, gleichen Daten ab und schaffen den gläsernen Konsumenten.« Privat- und Intimsphäre, so fürchtet der Mittdreißiger, werden »immer löchriger«, ohne dass sich jemand darüber aufregt. Hier will er Bewusstsein schaffen, und bridge fördert Projekte, die genau dies versuchen. Hansens Weg vom Erben zum Stifter führte über 15 Jahre Suche. Bereits mit 17 Jahren erbte der gebürtige Schwabe ein Sechstel eines großen, mittelständischen Maschinenbau-Unternehmens mit mehr als 1000 Mitarbeitern. Zu seinem Vater konnte er keine enge Bindung aufbauen. »Der hatte noch ein anderes Kind und das hieß Firma«, sagt Hansen heute. Er selbst entwickelte nie großes Interesse am Familienunternehmen. Als der Vater Ende der achtziger Jahre starb, übernahm der große Bruder die Geschäftsführung. Frank machte noch sein Abitur – und trat dann sein Millionen-Erbe an. Schnelle Autos mochte er schon damals nicht. Statt zu prassen bildete Hansen sich autodidaktisch in der Kunst der privaten Vermögensbildung fort, legte die jährlichen Zuflüsse aus seinen Firmenanteilen in Immobilien an und engagierte sich beim freien, nichtkommerziellen Radio seiner Heimatstadt. Heute besitzt Frank Hansen sieben Mietshäuser, liest viel und nennt sich Privatier. Die eine Hälfte des Tages verbringt er mit der Verwaltung seiner Häuser, die andere mit Stiftungsarbeit. Bei der Bewegungsstiftung ist Hansen Mitglied der erweiterten Geschäftsführung. Im Anlageausschuss bearbeitet er einen großen Teil der Förderanträge. Warum er sich engagiert? »Ich mache es gern. Und ich brauche nicht so viel, wie ich habe«, lauten die knappen Antworten.

1998 zog Hansen nach Berlin, weil seine Freundin dort einen Studienplatz bekam. Die ersten vier Jahre lebte er dort ohne rechtes Ziel vor sich hin und hatte dabei immer das ungute Gefühl, »die eigenen Prinzipien zu vernachlässigen«. Über einen Artikel in der *Zeit* wurde er auf die Bewegungsstiftung aufmerksam und merkte: Es gab noch andere Erben, denen es ging wie ihm. Mit dem Engagement für den Schutz von Bürgerrechten stellte er auch sein Leben um: Ökostrom und keine Einkäufe bei Lidl mehr. »Ich hatte wieder das Gefühl, das zu leben, wofür ich argumentiere.« Ein Teil seiner Familie hat für seine Unterstützung linker Bewegungen recht wenig Verständnis. »Du unterstützt doch die Leute, die gegen uns protestieren«, hört er immer wieder auf Heimatbesuch. In seiner geräumigen, aber nicht luxuriös ausgebauten Dachgeschosswohnung in Berlin-Mitte wirkt Frank Hansen dennoch sehr zufrieden – wenn schon nicht mit der Welt, die es zu verbessern gilt, dann doch zumindest mit sich.

Unverdientes Vermögen

Von den 100 bis 200 Milliarden Euro, die jährlich vererbt werden, sieht der deutsche Fiskus so gut wie nichts. Die persönlichen Freibeträge sind für Ehepartner mit 307 000 Euro und Kinder mit

205 000 Euro im Vergleich zu anderen Ländern, die Erbschaftssteuern erheben, sehr hoch. Unternehmens- und Immobilienvermögen wird in der Praxis in der Regel nur mit der Hälfte des tatsächlichen Wertes angesetzt. Hinzu kommen einige Schlupflöcher. Das Ergebnis unter dem Strich: Die Erbschaftssteuer brachte 2004 nur etwas mehr als drei Milliarden Euro für die öffentlichen Kassen. Das entspricht also 1,5 bis maximal drei Prozent der geschätzten Erbsumme. Das Mannheimer Zentrum für Europäische Wirtschaftsforschung hat errechnet, dass eine typische Erbschaft von 340 000 Euro mit 0,3 Prozent Steuern belegt wird. In der Schweiz sind es 5 Prozent, in den Niederlanden 15 und in Schweden 21 Prozent.

Nun entspricht es in Deutschland dem allgemeinen Gerechtigkeitsempfinden, dass ein mühsam abgezahltes Einfamilienhaus ohne Besteuerung in die nächste Generation übergehen sollte. Doch auch bei sehr hohen Erbschaften ist die Erbschaftssteuer im internationalen Vergleich sehr moderat. Ein Erbe, dem 2,5 Millionen Euro in den Schoß fallen, muss in Deutschland 19 Prozent zahlen. In Japan gehen jedoch 27 Prozent an den Staat. In Frankreich sind es 33 Prozent und in den USA (noch) über 40 Prozent. Besonders schwach werden in Deutschland besonders hohe Erbschaften besteuert. Der Spitzensteuersatz von ohnehin mäßigen 30 Prozent greift erst ab einer Höhe von 25 565 000 Euro.

Die Erbschaftswelle rollt an, die Kassen des Staates sind leer und Steuererhöhung kein politisches Tabu mehr: Da sollte man meinen, auch die Erben gerieten ins Visier. Oder gerade die Erben, denn die Erbschaftssteuer belastet weder Arbeit noch Leistung. Deshalb wirkt sie im Unterschied zur 1996 abgeschafften Vermögenssteuer nicht demotivierend für Eifrige, die sich ein Vermögen aufbauen wollen. Dennoch gibt es in der Mitte der Gesellschaft keine ernsthafte Diskussion über eine Erhöhung. 2002 setzte die rot-grüne Koalition zu ihrem zweiten Amtsantritt das Thema auf Druck des linken Flügels kurz auf die Agenda. Unter den Schlagworten »Neidsteuer« folgte ein kurzer und lauter

Protest aus dem bürgerlichen Lager. Die rationaleren Argumente lauteten: Ein Erbe sei schon mehrfach besteuert worden, bevor es weitergereicht wurde. Und eine Erhöhung treibe nur noch mehr Unternehmer und Vermögende in Länder, die keine Erbschaftssteuer erheben. Dem Sturm im Wasserglas folgte bis heute die steuerpolitische Stille. »Kein Finanzpolitiker möchte sich wegen ein paar Milliarden Euro mehr Erbschaftssteuer die Finger verbrennen«, sagt der Soziologe Jens Beckert. Der Leiter des Max-Planck-Instituts für Gesellschaftsforschung in Köln glaubt den Hauptgrund dafür zu kennen: »Erben wird in Deutschland als Transaktion innerhalb der Familie wahrgenommen, und nicht wie das Einkommen als eine Transaktion des Marktes.« Die Familie wiederum sei ein letztes Bollwerk gegen den Staat, eine Art »staatsfreie Schutzzone«. Das ist Konsens und deshalb fordern auch die kleinen und mittleren Erben nicht die Besteuerung der großen. Dabei ist die Erbsumme sehr ungleich verteilt.

Nur zwei Prozent der Haushalte fallen nach Erkenntnissen des Deutschen Instituts für Altersvorsorge 40 Prozent der Gesamterbsumme zu. Mehr als zwei Drittel der Erbschaften liegen jedoch unter 50 000 Euro. Es gilt die Faustregel: Wer hat, der kriegt dazu. Westdeutsche erben häufiger und mehr als Ostdeutsche, Akademiker mehr als Hauptschüler und natürlich Vermögende mehr als Arme. Die unteren 20 Prozent der Gesellschaft haben kein Vermögen und entsprechend auch nichts an die nächste Generation weiterzugeben. Die reichsten 20 Prozent verfügen in Deutschland über mehr als 60 Prozent des Privatvermögens. Vermutlich die Hälfte davon ist nicht, wie zum Beispiel bei den Gründern aus der Computerindustrie, durch eigene Leistung entstanden, sondern auf Erbschaften zurückzuführen.

»Vererbt wird nicht nur Vermögen, sondern auch soziale Ungleichheit«, kommentiert Beckert. Das war freilich schon immer so. Aber vor dem Hintergrund der Erbschaftswelle stellt sich die Frage nach der Chancengerechtigkeit neu: Inwieweit ist es wünschenswert, dass sich über Erbe und nicht über Leistung

Vermögen in einer Gesellschaft häuft und konzentriert? In anderen Ländern wird über diese Frage heftiger gestritten als bei uns – und das oft mit überraschender Rollenverteilung.

Milliardäre für die Erbschaftssteuer

Als zu Jahresbeginn 2001 die amerikanischen Kongressabgeordneten auf Betreiben von George W. Bush über die Abschaffung der Erbschaftssteuer von damals 55 Prozent debattierten, schalteten 120 Superreiche in den wichtigen Zeitungen des Landes großformatige Anzeigen. Die Multimilliardäre Warren Buffett, George Soros, Bill Gates Senior und Kollegen forderten, den Steuersatz für Vermögen über fünf Millionen Dollar in voller Höhe zu erhalten. Für die Kinder der Superreichen brächte die Politik Bushs zusammengenommen Hunderte von Milliarden Dollar. Doch die superreiche Ad-hoc-Lobby-Gruppe mit dem Namen »Responsible Wealth« argumentierte: Die Abschaffung der 1916 eingeführten Erbschaftssteuer ist »schlecht für unsere Demokratie, für unsere Wirtschaft und für unsere Gesellschaft«. Die Vereinigten Staaten haben sich immer als meritokratische Gesellschaft verstanden, in der Leistung und nicht Abstammung zählt: »All men are created equal.« Für den dritten Präsidenten Thomas Jefferson musste sich jeder Mensch »an der gleichen Startlinie aufstellen«. Warren Buffett glaubt, man dürfe doch nicht »ein Leben lang eine Art Sozialhilfe kassieren, nur weil man der richtigen Gebärmutter entschlüpft ist«. Nach wie vor denken viele US-Bürger, dass erben unfair ist, faul macht und dem amerikanischen Traum zuwider läuft. Amerikanische Radikalökonomen fordern auch heute noch eine Erbschaftssteuer von 100 Prozent. Ein Leben von den Zinsen des Erbes mag als angenehm oder belastend empfunden werden. Volkswirtschaftlich gesehen sind Erben, die nichts Produktives tun, totes Humankapital. Wer aus eigenen Kräften reich wird, darf das nach US-amerikanischem Verständnis zeigen und genießen. Ein reicher Erbe mag sich für etwas Besseres halten, hat aber keinen Grund dazu. Die Fernsehnation lacht gerade herzlich über TV-Shows, in denen Kinder reicher Eltern in Alltagssituationen der Mittelschicht verfrachtet werden – und dann unfähig sind, ein Stück Butter zu kaufen. Der britische Philosoph und Ökonom John Stuart Mill hatte bereits im 19. Jahrhundert einen zynischen Blick auf reiche Erben. Er forderte, dass immer nur der älteste Spross alles erben sollte. So würde »wenigstens nur ein Kind zum Narren gemacht«.

Es ist offenkundig, dass eine deutliche Erhöhung der Erbschaftssteuer zurzeit in Deutschland politisch weder gewollt noch durchsetzbar ist. Jede Andeutung führt zu hysterischen Reaktionen, unterfüttert von zwei fragwürdigen Argumenten. Zum einen würde eine Erbschaftssteuer, wie der frühere CDU-Generalsekretär Laurenz Mayer formulierte, »nur unter Schweizer Vermögensberatern die Sektkorken knallen lassen«. Das ist ein bisschen richtig aber auch ziemlich falsch. Wer die Erbschaftssteuer über einen Auslandswohnsitz umgehen will, muss tatsächlich auswandern. Ein Scheinwohnsitz reicht da kaum aus, es sei denn, der Erbschaftssteuerflüchtling möchte ernsthaft Gefahr laufen, sich einer Strafverfolgung auszusetzen. Ob eine moderate Erhöhung deutlich mehr Eltern zum Auswandern veranlassen würde, um ihren Kindern die Erbschaftssteuer zu mindern, scheint doch sehr fraglich. Bis in die achtziger Jahre hinein lag sie in den USA bei 77 Prozent. Die Reichen siedelten dennoch nicht in Scharen auf die Bahamas.

Der zweite Hauptkritikpunkt an der Erbschaftssteuer lautet: Die aktuelle Gesetzgebung zerstört familiengeführte Unternehmen. Hier bedarf es einer genauen Betrachtung und einer maßgeschneiderten Lösung. Bei einem Unternehmen im Wert von 100 Millionen Euro fallen umgehend 30 Millionen Euro Erbschaftssteuer an, wenn es auf die nächste Generation übergeht. Kaum ein Mittelständler hat einen solchen Betrag flüssig. Die

Erben wären also gezwungen, hohe Kredite aufzunehmen oder die Firma zu verkaufen, um dem Finanzamt 30 Millionen überweisen zu können. Theoretisch müsste also die gültige Erbschaftssteuerregelung reihenweise aktive Unternehmen vernichten. Bei einer Anfrage des Bundesfinanzministeriums bei den Steuerbehörden der Länder im Frühjahr 2005 ist allerdings kein Fall aufgetaucht, bei dem ein Unternehmen wegen der Erbschaftssteuern beim Generationenübertrag tatsächlich Insolvenz anmelden musste. Für Aufsehen hat vor gut zwei Jahren der Molkerei-Mogul Theo Müller gesorgt, weil er der Erbschaftssteuer wegen mit sämtlichen Kindern in die Schweiz zog. Es macht in der Tat Sinn, aktive Unternehmen von der Erbschaftsbesteuerung auszunehmen, wenn sie nach dem Erbfall mindestens zehn Jahre lang von der Familie weiterbetrieben werden. Die große Koalition plant, das Steuerrecht in diesem Sinne zu ändern. Der bayerische Finanzminister Kurt Faltlhauser hat jedoch eine sinnvolle Einschränkung vorgeschlagen. Die Steuer soll nach seinen Vorstellungen nur für Vermögen wegfallen, das zur Unternehmensführung unbedingt notwendig ist. Sachfremde Immobilienbeteiligungen oder Wertpapieranlagen wären damit nach wie vor erbschaftssteuerpflichtig. Es ist grundsätzlich natürlich richtig, dass der Erbfall keine mittelständischen Unternehmen und damit Arbeitsplätze gefährden darf. Als Argumentationskeule gegen generelle Besteuerung großer Erbschaften ist dieser Sonderfall jedoch ungeeignet. Doch genau dafür muss er in jeder Talkshow zum Thema herhalten.

In der politischen und ökonomischen Ideengeschichte war die Erbschaftssteuer immer umstritten. Für Adam Smith war sie ein Hindernis für ökonomisch notwendige Kapitalakkumulation, »mehr oder weniger unnütze Abgaben, die das Einkommen des Landesherren erhöhen, mit dem selten etwas anderes als unproduktive Arbeitskräfte bezahlt werden, und zwar auf Kosten des Kapitals von Leuten, die es ausschließlich für produktive Zwecke einsetzen«. Die deutschen Sozialreformer des 19. Jahrhunderts hofften, über die Einführung einer Erbschaftssteuer die »soziale Frage« lösen zu können. Sie verstanden die Erbschaftssteuer als Instrument einer gerechten Umverteilung und als Möglichkeit, Mittel für Sozial- und Bildungspolitik zu gewinnen.

Der Soziologe Emile Durkheim betonte hingegen die Rolle von Erbschaften für den Zusammenhalt der Familie und die solidarischen Beziehungen zwischen den Generationen. Deshalb sprach er sich gegen eine Begrenzung des Rechtes aus, Vermögen zu vererben. Joseph Schumpeter, Volkswirt aus Österreich, vermutete hingegen, dass Unternehmer nicht vom nackten Gewinnstreben angetrieben sind, sondern das Ziel haben, eine Dynastie zu gründen. Für ihren Ehrgeiz wäre die Erbschaftssteuer hinderlich – und damit ökonomisch schädlich. Dass Erben eine zufällige Ungleichheit unter vielen anderen wie Intelligenz, Aussehen oder körperliche Leistungsfähigkeit ist, betonten neoliberale Volkswirtschaftler. Ihre Schlussfolgerung: Der Staat habe nicht die Aufgabe, diese Unterschiede auszugleichen.

Der amerikanische Philosoph John Rawls versuchte, die Ambivalenzen der Erbschaftsbesteuerung im Sinne seiner Theorie der Gerechtigkeit zusammenzuführen – und hob die Diskussion auf eine höhere Ebene. Grundsätzlich hat der Mensch für Rawls sehr wohl das Recht, sein Vermögen zu vererben. Doch dieses Recht muss dann eingeschränkt werden, wenn Kapitalkonzentration die Freiheit und die Chancengleichheit unterminiert. Das Vererben von Vermögen hält Rawls so lange für gerecht, so lange die sich daraus ergebenden Ungleichheiten »den am wenigsten Bevorzugten zum Vorteil gereichen und mit der Freiheit und der fairen Chancengleichheit vereinbar sind«. Mit anderen Worten: Die Erbschaftssteuer darf das Leistungsprinzip nicht so weit einschränken, dass keine prosperierende Gesellschaft mehr entstehen kann. Denn darunter würden die schwächsten Glieder der Gesellschaft am stärksten leiden. Auf der anderen Seite muss sie in einer liberalen Gesellschaft eine Machtkonzentration verhindern, die Freiheit und Chancengleichheit gefährdet. Hieraus lassen sich sehr konkrete Schlüsse ziehen: Die Erbschaftssteuer darf selbstverständlich keine konfiskatorische Steuer sein. Aber davon sind wir bei faktischen Steuereinnahmen von maximal drei Prozent der gesamten Erbsumme weit entfernt. Eine Steuer von durchschnittlich zehn Prozent würde keinen Erben arm machen, aber mindestens zehn Milliarden, vermutlich eher zwanzig Milliarden Euro an Einnahmen bringen. Würden diese zusätzlichen Einnahmen nicht dazu verwendet, irgendwelche Haushaltslöcher zu stopfen, sondern um Bildung und damit Chancengleichheit zu fördern, wäre ein gesellschaftlicher Konsens über eine maßvolle und faire Erhöhung vielleicht doch denkbar. Eine solche Reform des Erbschaftssteuerrechts darf Familienunternehmen nicht gefährden. Der Gesetzgeber sollte aber auch einmal intensiv darüber nachdenken, ob der Höchststeuersatz tatsächlich erst bei 25 Millionen Euro greifen muss.

Eine höhere Erbschaftssteuer hat einen angenehmen Nebeneffekt: Die Bereitschaft zum Geben steigt. Vor die Alternative gestellt, ob ein Vermächtnis dem Staat zufällt oder einer gemeinnützigen Organisation, entscheiden sich die meisten für die zweite Option. Die Folgeschäden für den philanthropischen Sektor sind in den USA zurzeit eines der wichtigsten Argumente gegen eine Senkung der Erbschaftssteuer. Der deutsche Gesetzgeber täte hingegen gut daran, Erben eine vollständige Steuerbefreiung anzubieten, wenn sie geerbtes Vermögen spenden.

Tom Koenigs Erbspende an den Vietcong wurde übrigens nicht ganz im Sinne des Spenders verwendet. Die ostdeutsche Sekretärin in der Dschungelkämpfervertretung berichtete später, sie habe den vietnamesischen Genossen gerade noch ausreden können, für das Geld Mercedesse anzuschaffen. Stattdessen wurden dann Volvos geordert. Der grüne Politiker reagiert heute etwas gereizt, wenn er auf die Jugendanekdote angesprochen wird. Einen Reporter der *Welt* blaffte er kürzlich an: »Das interessiert keinen mehr. Lassen Sie uns lieber über die Erbschaftssteuer reden.«

6. Mehr als Arbeit-Geber – Unternehmen übernehmen Verantwortung

Wenn eine Firma für ihre Waren Reklame macht,
sollte man sie immer fragen: »Bezahlt ihr eure Angestellten so, dass sie sich eure Waren kaufen können?«
Und wenn sie dann antwortet: »Für unsre Angestellten sind unsre Fabrikate nicht bestimmt«, so sage man ihr:
»Andre Firmen bezahlen ihre Angestellten auch nicht besser, sondern genauso schlecht. Und so viele reiche Chefs gibt es nicht. Und was ihr treibt, ist Selbstmord:
Ihr ruiniert eure eigne Kundschaft. Ihr seid Fabrikanten für das Nichts.«
Wer hat bloß den Kaufleuten den Handel anvertraut!
Das ist ein Jammer.

Kurt Tucholsky

Die Profitmaximierer

»The business of business is business.« Der Wirtschaftswissenschaftler und Nobelpreisträger Milton Friedman hat diesen Satz 1970 in einem Artikel im *New York Times Magazine* geschrieben und stellte klar: »Die einzige soziale Verantwortung der Wirtschaft besteht darin, ihre Gewinne zu erhöhen.« Selbst freiwillige Spenden von Unternehmen waren Friedman ein Dorn im Auge. »Das Unternehmen ist ein Instrument der Anteilseigner. Wenn eine Firma spendet, hindert sie ihre Eigentümer daran, selbst zu entscheiden, wie sie ihre Mittel verwenden wollen,« heißt es in seinem Buch »Capitalism and Freedom«. Die Argumentation wurde zur Handlungsanweisung für eine ganze Managergeneration, die nur ein Ziel kannte: Maximierung des Profits mit immer kürzeren Zeitvorgaben. Ein Wirtschaftsunternehmen ist weder die Wohlfahrt noch das Sozialamt. Wer möchte dem widersprechen? Unternehmen, die keine Gewinne machen, verschwinden vom Markt und vernichten damit Arbeitsplätze und Kapital. Doch immer mehr Unternehmer und Manager erkennen, dass soziale Verantwortung und steigende Gewinne kein Widerspruch sein müssen. Friedmans Lehre der Profitmaximierung hat die Produktivität des Kapitalismus in den letzten drei Jahrzehnten ohne Zweifel beflügelt. In ihrer Reinform ist sie jedoch ein Auslaufmodell.

Die ökonomischen Konzentrationsprozesse der letzten dreißig Jahre haben die Welt grundlegend verändert. Von den hundert größten wirtschaftlichen Einheiten sind heute 52 Unternehmen und nur noch 48 Staaten. Multinationale Konzerne stehen in der Verantwortung, die Achtung der Rechte der Menschen und der Umwelt zu sichern und die Grundlagen menschlicher Entwicklung, darunter Gesundheit und Bildung, zu fördern. »Die Welt braucht ein solches Engagement, um der Globalisierung ein menschliches Antlitz zu geben«, sagt UN-Generalsekretär Kofi Annan. Die schwäbischen Schokoladenfabrikanten Marli Hoppe-Ritter und Alfred T. Ritter wissen, dass sich ein solches Engagement auch betriebswirtschaftlich lohnt – zumindest langfristig.

»Eigentlich ist es für einen Manager sehr angenehm, wenn Gesellschafter moralische Standards klar definieren. Dann weiß man auch genau, was man tun darf und was nicht«, sagt Olaf

Blank, bis Ende 2005 Vorsitzender der Geschäftsführung bei Ritter. Dabei schaut er drein, als erstaune ihn immer noch selbst, was er da sagt. Der Norddeutsche Blank heuerte im Frühjahr 2000 bei Ritter-Sport an. Der Kulturschock scheint bis heute nachzuwirken. Vor seinem Wechsel nach Waldenbuch südlich von Stuttgart hatte der Süßwarenmanager in amerikanischen Großunternehmen Karriere gemacht. Zuletzt war er Deutschlandchef des Kaugummiriesen Wrigley. Das Handwerk der Wachstums- und Profitmaximierung hat er dort nachweislich gründlich gelernt, und deshalb holten ihn die Ritters. Die neunziger Jahre waren zwar kein schlechtes Jahrzehnt für die Schokoladenquadrate, der Sprung in die Weltliga der Süßwaren-Hersteller wollte jedoch nicht recht gelingen.

Blank effektivierte und maximierte wie von ihm erwartet. Heute exportiert Ritter-Sport seine Produkte in 60 Länder. Der Umsatz stieg von knapp 225 Millionen Euro im Jahr 2001 auf rund 300 Millionen im Jahr 2005. Im gleichen Zeitraum musste der Manager lernen: »Niemand will hier ein kleines Procter & Gamble haben.« Die Geschwister Ritter haben sich bereits als sozial verantwortliche Unternehmer in dritter Generation verstanden, bevor deutsche Großkonzerne das Thema »Corporate Social Responsibility« überhaupt für sich entdeckten. Dazu gehört das feste Versprechen der beiden Gesellschafter an die Belegschaft: »Beim Ritter gibt es keine betriebsbedingten Kündigungen.« Rein betriebswirtschaftlich gerechnet wären Entlassungen in den letzten Jahren durchaus sinnvoll gewesen. Manager Blank automatisierte die Produktion und hatte zeitweise rund 80 Mitarbeiter an Bord, für die es eigentlich keine Arbeit gab. »Wenn es alleine nach mir gegangen wäre, hätten wir wohl betriebsbedingt gekündigt«, gibt der ehemalige Geschäftsführer zu. Dank des raschen Wachstums hatte das Unternehmen bald wieder mehr Arbeit, als mit Bordmitteln zu stemmen war. Im letzten Jahr wurden 30 neue Mitarbeiter eingestellt, und der Geschäftsführer amerikanischer Sozialisation hat seine Vorstellungen von allzu kurzfristiger Personalplanung revidiert. Stattdessen bekommen die Ritter-Sport-Mitarbeiter jährliche Erfolgsprämien von bis zu drei Monatsgehältern. Seit Jahrzehnten kreist ein von der Firma bezahlter Pendelbus durch das Einzugsgebiet der Belegschaft und holt und bringt die Schichtarbeiter. Soziale Härtefälle wurden im Haus schon immer großzügig behandelt und bei Betriebsfeiern soll es besonders spendabel zugehen.

Das Rad, das dazugehört

Der Name Ritter steht im Großraum Stuttgart für einen fairen Umgang mit den Mitarbeitern. Er steht aber auch für Ökologie, Kunstförderung und soziale Projekte in Entwicklungsländern. Alfred Ritter, studierter Psychologe, hat sich des Themas Umweltschutz angenommen. Die Energie- und Wärmeversorgung des Unternehmens liefert ein effizientes Blockheizkraftwerk mit Kraftwärmekopplung. In Spitzenzeiten wird Ökostrom dazugekauft. Als erstes Unternehmen der Süßwarenbranche erstellte Ritter 1996 eine Ökobilanz. Die einfache Polypropylen-Verpackung der Produkte spart nach Firmenangaben jährlich 1000 Tonnen Verpackungsmaterial, und nebenher hat Alfred Ritter auch noch ein Unternehmen für ökologische, solargekoppelte Heizsysteme aufgebaut. Nach großen Startschwierigkeiten macht die Firma »Paradigma« heute mit 220 Mitarbeitern 45 Millionen Euro Umsatz und schreibt schwarze Zahlen. Auch als Konstrukteur eines Elektrokleinwagens mit dem Namen »Hotzenblitz« hat sich Ritter bereits versucht. Das Ökomobil für zwei Personen sollte in Thüringen gebaut werden. Den Prototypen folgte leider die Pleite, was den Unternehmer bis heute sichtbar schmerzt: emotional, nicht finanziell.

Schwester Marli hat 1990 in Nicaragua ein großes Kakaoanbauprojekt ins Leben gerufen. »CACAONICA« soll Menschen, Regenwald und den Welthandel miteinander aussöhnen. 400 Bauern pflanzen, als Genossenschaft organisiert, in Mischkulturen Bananenstauden, Mais, Bohnen, Pfeffer und Ökokakao an. Für letzteren zahlen die schwäbischen Groß-Chocolatiers den Fair-Trade-Aufschlag zum Weltmarktpreis. Auch bei diesem Projekt gab es Rückschläge. Pilzbefall der Kakaopflanzen warf die Genossenschaftsbauern um Jahre zurück. Nach wie vor kommt nur ein sehr geringer Prozentsatz des in Waldenbuch verarbeiteten Kakaos von »CACAONICA«. 2,5 Millionen Euro hat die Familie Ritter über 15 Jahre verteilt in das Projekt gesteckt. Einen finanziellen Nutzen konnte das Unternehmen aus seinem Engagement nicht ziehen. Nicht direkt.

Schokolade ist teilweise Saisongeschäft. Manchmal fällt mehr Arbeit an als geplant. Wenn Produktionsleiter Ernst Steimer für Samstagmorgen eine Sonderschicht ankündigt, hat er meist mehr Freiwillige, als er braucht. Ein Rundgang mit ihm durch die Produktionshallen macht den abstrakten Begriff »Unternehmenskultur« sinnlich erfahrbar. Händeschütteln. Problem mit der Verpackungsmaschine lösen. Schulterklopfen. Witz erzählen. Die Identifikation der Belegschaft mit dem Unternehmen, das spürt der Besucher überall auf dem Betriebsgelände, ist mindestens so groß wie die riesigen Zuckersilos am Beginn der Schokoladen-Produktionsstraße. Schokoladenmachermeister Jürgen Rohde fing mit 14 Jahren »beim Ritter« seine Lehre an. Heute ist er 41, Familienvater und seine Frau sagt: »Bei dir kommt als erstes die Firma Ritter, dann lange nix, dann die Firma Ritter und dann irgendwann wir.« Er selbst sagt: »Ich bin ein Rad, das dazugehört und was bewegen will.« Die Fluktuation unter den 800 Ritter-Mitarbeitern ist extrem gering. Ebenso der Krankenstand. Mit diesen Größen kann ein Geschäftsführer gut rechnen.

Die Motivation der Angestellten ist vielleicht der greifbarste Nutzen, den die Geschwister Ritter aus dem ziehen, was sie unter »verantwortungsvoller Unternehmensführung« verstehen. Er ist nicht der einzige. »Auch beim Verbraucher haben wir den Ruf, ein sympathisches Unternehmen zu sein und kein Großkonzern, der ausschließlich auf den Shareholder-Value schaut«, glaubt Ritter-Justiziar und Pressesprecher Thomas Seeger. Der Beweis hierfür ist freilich schwer zu erbringen. Eine dicke Pressemappe mit freundlichen Artikeln über die sozialen und ökologischen Aktivitäten der Unternehmerfamilie darf allerdings als Indiz gelten.

Die Firma Ritter ist nur ein Beispiel von vielen. Nach mehreren Jahren heftiger Debatte über unternehmerische Verantwortung unter der Überschrift »Corporate Social Responsibility« ist das Thema in den Köpfen in deutschen Vorstandsetagen angekommen. Und Schritt für Schritt hat sich ein Konsens herausgebildet: Im Verhältnis von Wirtschaft, Staat und Zivilgesellschaft muss sich etwas ändern. Dies belegt unter anderem eine umfassende TNS-Emnid-Studie im Auftrag der Bertelsmann Stiftung vom August 2005. Nur eine Minderheit von 500 befragten Managern und Geschäftsführern sieht es noch als die einzige Aufgabe eines Unternehmens an, so viel Gewinn wie möglich zu machen. 96 Prozent fühlen sich ihren Mitarbeitern »in besonderer Weise verantwortlich«. 93 Prozent sind der Meinung, dass soziale und ökologische Belange für den Erfolg eines Unternehmens eine wichtige Rolle spielen. Besondere Verantwortung gegenüber Eigentümer oder Aktionären verspüren nur 88 Prozent. Ebenfalls interessant: Vier von fünf Entscheidern halten laut Studie viele staatliche Aufgaben für privatisierbar. Und mehr als die Hälfte der Befragten (56 Prozent) sagt aus, dass die gesellschaftliche Verantwortung von Unternehmen durch die Finanzkrise des Staates größer geworden sei.

Akademiker unterscheiden zwischen »Social Sponsoring«, »Corporate Social Responsibility« (CSR) und »Corporate Citizenship« (CC). Der Sponsor spendet ein Teil seines Gewinnes und entscheidet meist von Fall zu Fall, wann, wieviel und wem er etwas zukommen lässt. Dabei ist auch unerheblich, wie er diesen Gewinn erwirtschaftet hat, sofern dies legal geschehen ist. CSR beschreibt ein langfristiges soziales oder ökologisches Engagement eines Unternehmens nach innen und/oder außen. Sie zielt auf eine nachhaltige Neuausrichtung der Unternehmensführung, -kultur und -struktur, die deutlich über die gesetzlichen Vorgaben (wie zum Beispiel Umweltauflagen) hinausgeht. Etwas umstritten ist die Abgrenzung zum Begriff »Corporate Citizenship«. Unternehmen, die sich als »gute Bürger« verstehen, wollen sich meist lokal begrenzt in die Zivilgesellschaft einbringen und vor Ort Strukturen schaffen, die das Gute voranbringen. Oft geschieht dies in Form von Stiftungen, die gezielt bürgerschaftliches Engagement fördern.

Die Wirtschaftsprüfungsgesellschaft Deloitte hat 2004 in Zusammenarbeit mit dem *Manager Magazin* zum ersten Mal eine Art Bestenliste europäischer Konzerne für verantwortliches Wirtschaften aufgestellt. Das »Good-Company-Ranking« bewertet hierbei:

- die Förderung der Mitarbeiter und ihrer Familien,
- eine Engagement für die Belange der Gesellschaft und ihrer Körperschaften,
- den pfleglichen Umgang mit der Umwelt und den natürlichen Ressourcen,
- Transparenz der eigenen Geschäftsvorgänge – auch bei Rückschlägen und Misserfolgen,
- eine nachhaltige Rentabilität im operativen Geschäft, da sich nur Firmen sozial, ökologisch, humanitär und kulturell engagieren können, die auch profitabel arbeiten.

Die Rangliste – obgleich nicht unumstritten, da Deloitte auf den CSR-Beratermarkt drängt und deshalb vielleicht nicht der denkbar neutralste Schiedsrichter ist – geht ein Grundproblem des Themas »Corporate Social Responsibility« an: Wie lässt sich unternehmerische Verantwortung messen? Bislang gibt es keine international gültige CSR-Währung. Wirtschaftskritiker wie das Anti-Globalisierungsnetzwerk »Attac« erkennen in CSR-

Programmen vieler Konzerne ein Werkzeug der Unternehmens-PR – ein Feigenblatt zur Verbesserung des Firmenimages. Die Kritik ist nicht immer von der Hand zu weisen. In Sonntagsreden sind die schönen Begriffe »Nachhaltigkeit« und »Werteorientierung« leicht dahergesagt. Dem Lippenbekenntnis folgen dann schöne Bilder und Grafiken in der Unternehmensbroschüre. Das Budget für soziales Engagement ist oft trotzdem deutlich niedriger, als der Jahresbonus des Vorstandsvorsitzenden. Diese Form der Blenderei mag hier und da auch mal Erfolg haben. Doch Manager sollten das Gespür von Mitarbeitern und Kunden nicht unterschätzen. Oswald Metzger, neben seinen politischen Aktivitäten bei den Grünen auch im Aufsichtsrat eines Solarunternehmens tätig, ist sich sicher: »Für Entscheider in der Wirtschaft gilt das Gleiche wie für Politiker: Nur wer handelt, wie er spricht, ist glaubwürdig.« Vorreiter lassen bereits heute externe Kontrollen zu. Erste Beispiele gibt es aus der Textilbranche. So fertigt der deutsche Hochpreis-Näher Hess-Natur nach den strengen Vorgaben der *Clean Clothes Campaign* und gestattet jederzeit, dies auch unabhängig zu überprüfen.

Die Suche nach verbindlichen Parametern, die CSR-Aktivitäten überprüfbar und vergleichbar machen, kommt ebenfalls voran. Im Juni 2004 beriet die *International Organization of Standardization* (ISO) in Stockholm erstmals darüber, für CSR-Leistungen international standardisierte Normen festzulegen. Zu Anfang dieses Jahres hat unter Federführung des Deutschen Institutes für Normung (DIN) ein Ausschuss »Gesellschaftliche Verantwortung von Organisationen« seine Arbeit aufgenommen. In zwei bis drei Jahren soll der Weg zur offiziellen Zertifizierung genau beschrieben sein. Kleinere CSR-Gütesiegel gibt es bereits seit einigen Jahren, zum Beispiel von der Initiative »Ethics in Business«. Diese prüft gegen eine Gebühr Mittelständler, ob sie ihrer gesellschaftlichen Verantwortung in besonderer Weise gerecht werden. Wenn dem so ist, dürfen sich die KMUs ein Jahr lang mit dem »Ethics-in-Business«-Label schmücken. Zudem lobt die Initiative seit letztem Jahr den »Deutschen Preis für Wirtschaftsethik« aus.

Die Entwicklung von CSR-Benchmarks dürfte ähnlich verlaufen wie bei Bio-Labels von Lebensmitteln in den achtziger Jahren. Auch damals war den Verbrauchern zunächst unklar, was »Bio« bei unterschiedlichen Produkten genau bedeutet und welchen Zertifizierern sie vertrauen können. Nach wenigen Jahren hatten sich klare Öko-Standards durchgesetzt, und viele Kunden sind auch bereit, für diese mehr zu zahlen.

Der Druck wächst

Gutes Gewissen, gutes Geschäft. Verbraucherbefragungen deuten darauf hin, dass diese Formel nicht nur bei Bioprodukten aufgehen kann. Eine europäische Studie des Marktforschungsunternehmens Mori kommt zu dem Ergebnis, dass für 70 Prozent der Konsumenten bei der Kaufentscheidung das soziale Engagement eine wichtige Rolle spielt. 44 Prozent der Befragten sind bereit, dafür auch einen Preisaufschlag zu zahlen. Die Ergebnisse einer Umfrage des Wirtschaftsethikers York Lunau von der Universität St. Gallen deuten in eine ähnliche Richtung. 76 Prozent der befragten Deutschen hielten es für eine Grundaufgabe von Unternehmen, etwas gegen allgemeine gesellschaftliche Probleme wie Armut oder Kriminalität zu tun. 72 Prozent waren der Meinung, dass Firmen sich auf eigene Kosten um die Versorgung armer Regionen kümmern sollen.

Ob Konsumenten an der Supermarktkasse immer handeln, wie sie auf Fragebögen behaupten, muss man wohl mit einem Fragezeichen versehen. Dennoch ist ein Trend zu einer wachsenden moralischen Sensibilität unverkennbar. Produkttester haben hierauf bereits reagiert. Stiftung Warentest prüfte Ende 2004 zum ersten Mal nicht nur die Qualität von Produkten, sondern auch deren Herstellungsprozess nach Kriterien gesellschaftlicher Verantwortlichkeit. Wie waren die Arbeitsbedingungen der Beschäftigten? Wie viel Rücksicht wurde bei der Produktion auf die Umwelt genommen? Das sind die neuen Anforderungen an Regenjacken, Lachsfilets und Waschmittel. Bei Unternehmen, die keine Angaben machen konnten oder wollten, wurde dies gut lesbar vermerkt.

Im Kontext von Kommerz und Moral fallen zurzeit zwei parallele Entwicklungen ins Auge. Zum einen sind immer weniger Verbraucher bereit, über offenkundiges Fehlverhalten eines Unternehmens wohlwollend hinwegzusehen nach dem Motto: War doch nur ein Kavaliersdelikt. Zum anderen versuchen immer mehr Marken, sich als besonders verantwortliche Produzenten von der Konkurrenz abzusetzen und sich bei Mitarbeitern als besonders gute Arbeitgeber zu präsentieren. Diese beiden Trends verstärken sich gegenseitig und das ist gut so. Unternehmen müssen und/oder wollen sich immer stärker einem Wettbewerb um die Moral stellen. Kunden werden moralisch sensibler. Wer sie erreichen will, muss dies bei Herstellung und Marketing bedenken. Eine Firma, die immer nimmt und nie gibt, wird es in Zukunft immer schwerer haben. Im Umkehrschluss gilt: Der Druck auf Unternehmen wächst, die sich moralisch nicht korrekt verhalten.

Konzernkritik ist freilich kein Kind des dritten Jahrtausends. In den siebziger Jahren stand die Rüstungsindustrie am Pranger. Die umweltbewegten Achtziger kannten die Formel »Seveso ist überall«. Doch spätestens seit den Greenpeace-Aktionen gegen die Versenkung der Ölplattform Brent Spar von Ölmulti Shell wissen die Konzernlenker der Welt: Eine globalisierte Kritikerszene kann, wenn sie den Ton trifft, einem Großunternehmen mit Boykotten die Geschäftsgrundlage entziehen. Eine Vielzahl von Nichtregierungs- und Verbraucherorganisationen schaut der Wirtschaft heute deutlich genauer auf die Finger als früher. Der Skandal ist ihre wichtigste Waffe, und man mag es bedauern oder nicht: Medien und Leser sind auf der Suche nach Empörung. Umwelt- und Sozialstandards, die nicht nur behauptet, sondern belegbar sind, bedeuten auch immer eine Absicherung gegen Unternehmensskandale. In diesem Sinne verringern sie unternehmerisches Risiko und sind langfristig ein klarer Wettbewerbsvorteil.

Attac stellte im Sommer letzten Jahren den Discounter Lidl wegen »Preis-, Umwelt- und Sozialdumping« an den Pranger. Die US-amerikanische Initiative *Clean Clothes Campaign* berichtet seit über zehn Jahren über Modelabels, die in Sweatshops in Entwicklungsländern produzieren lassen. Ein globalisierungskritisches Gegenforum zum Weltwirtschaftsgipfel in Davos verleiht jedes Jahr den *Public Eye Award*, den Preis für das unverantwortlichste Unternehmen der Welt. Die PR-Strategen von Wal-Mart, KPMG und Shell dürften sich im Januar 2005 kaum über die »Auszeichnung« gefreut haben.

Mit den Konzernen hat sich auch die Konzernkritik internationalisiert – und professionalisiert. Die Kritiker sind heute hervorragend vernetzt, tauschen global Informationen aus und können sie im Internet nahezu kostenlos publizieren. Suchmaschinen machen Recherche nach Verfehlungen, auch am anderen Ende der Welt, zu einer Frage von Minuten. Diese Erfahrung musste vor einigen Jahren auch der amerikanische Sportartikelhersteller Nike machen. Vorwürfe über Ausbeutung und Kinderarbeit bei Zulieferern wurden zunächst in den USA laut und breiteten sich dann in DSL-Geschwindigkeit auf alle wichtigen Märkte aus. Das Beispiel Nike zeigt auch, dass öffentlicher Druck wirken kann. Im April 2005 sah sich der US-Konzern gezwungen, eine vollständige Liste seiner weltweit 700 Zulieferer zu veröffentlichen – inklusive der Nachweise von akzeptablen Sozialstandards. Ähnlich lief es beim deutschen Groß-Versandhändler Otto.

Mitte der neunziger Jahre stand Otto wegen menschenfeindlicher Arbeitsbedingungen bei Zulieferern in Südostasien in der Kritik. Dem Erben und aktuellen Lenker des Familienunternehmens, Michael Otto, ging diese Kritik offenbar nahe. Der einfachste Weg wäre gewesen, die Zulieferer mit den miesesten Sozialstandards einfach auszusortieren. Ein wenig öffentliches »mea culpa« und das Versprechen, dass so was in Zukunft nicht mehr vorkommen wird, hätten wohl gereicht, den Skandal auszusitzen. Die Kritikergemeinde hätte sicher bald ein anderes Unternehmen gefunden. Otto entschied, das Problem grundsätzlicher anzugehen. Er setzte bei seinen Zulieferern – zum Teil gegen erhebliche Widerstände – Ausbildungsprogramme durch und unterwarf sie und sich strenger Verhaltensregeln. Heute gilt Otto als einer der Vorreiter in Sachen CSR und verkauft sein Wissen weiter. Im Jahr 2000 gründete er die Otto-Tochter »Systain«, eine Beratungsfirma, die anderen Unternehmen hilft, verantwortliche Management- und Produktionsmethoden zu entwickeln und umzusetzen.

Öffentlicher Druck auf die Welt der Wirtschaft ist wichtig und zeigt immer wieder Wirkung. Manchmal mögen die Fortschritte nur klein sein. Lidl nahm kürzlich nach Protesten von Naturschutzverbänden Haifischsteaks aus seinem Sortiment. In Deutschland neigt man dazu, kleine Fortschritte zu ridikülisieren: Als ob das die Welt retten würde! Natürlich nicht. Doch viele kleine Schritte in die richtige Richtung legen ebenfalls Wegstrecke zurück. Und sie motivieren weiterzugehen. Die Anzahl der *Non-Financial-Reports* – also der Umwelt- und CSR-Berichte, mit denen sich Unternehmen bei Anlegern und Mitabeitern profilieren wollen – wächst kontinuierlich. Gut so. Gleiches gilt für die Mitgliedschaften in Unternehmerverbänden, die verantwortliches Wirtschaften fördern, wie der BDI-Ableger »econs«. Und auch wenn freiwillige Ehrenkodizes für verantwortliche Unternehmensführung oft sehr weich formuliert sind: Immer mehr Unternehmen haben sie, und das Management muss sich an den selbst gewählten Vorgaben auch messen lassen. Der ehemalige IBM-Manager und BDI-Vorsitzende Hans-Olaf Henkel weiß: »Ein großes multinationales Unternehmen kann es sich gar nicht leisten, einen Kodex zu unterschreiben und ihn dann nicht einzuhalten. Es gibt Tausende, die ihn schon innerhalb der Unternehmen überwachen.«

Gutes Gewissen, gutes Geschäft

Hebt ein Unternehmen auf Grund von öffentlichem Druck Sozial- oder Umweltstandards, dann ist das eine gute Sache. Noch besser ist es, wenn ein Unternehmen die gute Sache gleich zu ihrem Geschäftsprinzip erhebt. Das Ziel richtig verstandener CSR muss es sein, gesellschaftliches Engagement von Unternehmen in den Wertschöpfungsprozess zu integrieren. Spendet ein Unternehmen einen Teil seiner Gewinne ohne eigenen Nutzen, werden die Spenden versiegen, sobald der Gewinn einbricht. Langfristig wird sich eine Firma nur in die Gesellschaft einbringen, wenn sie von ihrem Engagement auch selbst profitiert. Deutsche Geschäftsführer müssen noch viel stärker nach »Win-win-Situationen« Ausschau halten. Der Augsburger Hersteller von Nachahmermedikamenten Betapharm hat dies mit großem Erfolg getan.

Der Mittelständler pumpt jährlich mehr als zwei Millionen Euro in soziale Projekte. Dafür erhielt Betapharm vor einigen Jahren vom damaligen Bundespräsidenten Johannes Rau einen Preis mit dem Titel »Freiheit und Verantwortung«. Mit Gutmenschentum hat das Engagement der Pharmafirma allerdings nichts gemein. »Wir tun Gutes, weil es auch uns nützt«, stellt Geschäftsführer Peter Walter klar. Der Eigennutz mit sozialer Nebenwirkung nahm 1997 seinen Ausgang. Betapharm dümpelte auf Platz 15 der Umsatzrangliste der deutschen Generika-Hersteller. Neue Billiganbieter drängten auf den Markt. Der Umsatz brach ein, ebenso die Motivation der Belegschaft. Und der Geschäftsführung wollte keine Strategie einfallen, den Laden nach vorne zu bringen. Durch Zufall lernte Walter den Vorsitzenden einer Elterninitiative für krebskranke Kinder am Augsburger Klinikum kennen. Die Initiative »Bunter Kreis« brauchte Geld, während der Betapharmboss gerade in einer persönlichen Krise war und nach einem Sinn für sich und sein Unternehmen suchte. Wenig später gingen fünf Cent von jeder verkauften Betapharm-Schachtel an die Kinderkrebsinitiative. Kleiner Aufwand, große Wirkung: Plötzlich zogen die Verkäufe wieder deutlich an. Warum?

Generika – also Nachahmerpräparate von Medikamenten, deren Patentschutz ausgelaufen ist – sind absolut austauschbare Produkte. Qualität und Preis unterscheiden sich, wenn überhaupt nur marginal. Wenn es einem Arzt im Prinzip egal sein kann, welchen Herstellernamen er auf ein Rezept schreibt, kann das gute Image eines Unternehmens den Ausschlag geben. Und ein gutes Image in Medizinerkreisen hat Betapharm zum strategischen Ziel des Managements gemacht. Heute finanziert das Unternehmen unter anderem das »Betafon«, ein Call-Center mit Juristen, Sozialpädagogen und Krankenschwestern, bei dem sich jeder Kranke Informationen zu Selbsthilfegruppen, Therapiehilfen und gesetzlichen Unterstützungsleistungen in seiner Region einholen kann. Ein eigenes Redaktionsteam gibt einen Nachschlagewälzer namens »Betaliste« heraus, in dem das komplizierte deutsche Sozialrecht samt Regelungen für Bedürftige – und davon gibt es unter chronisch Kranken viele – verständlich formuliert und Selbsthilfe-Organisationen nach Krankheiten sortiert sind. Daneben fördert Betapharm die Fortbildung von Apothekern, den »Bunten Kreis« und die Initiative zur Vorsorge von Brustkrebs »mammaNetz«, die im Keller des Augsburger Klinikums eine Beratungsstelle unterhält. Das ist die Summe der Argumente, mit denen die 220 Betapharm-Außendienstler zu Ärzten reisen. Teure Fachbücher, Armbanduhren oder Gutscheine für »Fortbildungen« mit Luxusprogramm für die geschätzte Klientel im weißen Kittel haben sie nicht im Koffer.

Nicht einmal einen Kugelschreiber bekommt ein Arzt geschenkt, mit dem er Betapharm-Produkte verordnen könnte.

Das Gesundheitswesen ist laut *Transparency International* nach der Baubranche der zweitkorrupteste Sektor in Deutschland. Zwischen 3 und 10 Prozent der Gesundheitskosten gehen nach Schätzung von *TI* für Betrug und Bestechung drauf. Das entspricht einem Betrag von bis zu 20 Milliarden Euro jährlich. Viele Ärzte mögen profitieren, doch viele widert der alltägliche Grenzgang zur Korruption auch an. Mit seinem ethischen Marketing rennt Betapharm seit Jahren offene Türen ein – und wächst und wächst. Acht Jahre nach dem Kurswechsel gehören die Augsburger mit über 160 Millionen Euro Jahresumsatz zu den vier größten Produzenten im Generika-Fach. Und das Beste daran: Der Erfolg findet Nachahmer. Andere Hersteller ziehen mit vergleichbaren Programmen nach, zum Nutzen der Gesellschaft im Allgemeinen und von Patienten im Besonderen.

Corporate Social Responsibility an der Börse

Nach wie vor fällt es schwer zu berechnen, wie viel geringerer Ressourcenverbrauch, optimierte Betriebsabläufe, bessere Geschäftsbeziehungen, ein Imagegewinn und eine höhere Motivation von Mitarbeitern an langfristigem Gewinn bringen. Doch es sind nicht nur Beispiele einzelner Unternehmen, die belegen, dass sich Geben in der Wirtschaft lohnt. Es mehren sich auch die statistischen Hinweise. TNS-Emnid hat im Auftrag von Bertelsmann im Rahmen der zitierten Studie 500 deutsche Wirtschaftsentscheider nach ihrer Erwartung der Gewinnentwicklung gefragt und diese Frage an CSR-Aktivitäten gekoppelt. Unternehmen, die sich selbst als Vorreiter für gesellschaftliches Engagement sehen, schauen deutlich optimistischer in die Zukunft. 56 Prozent von ihnen erwarten steigende Gewinne. Unternehmer, die im Bereich CSR nur auf die an sie gestellten Anforderungen reagieren, erwarten lediglich zu 42 Prozent steigende Gewinne. An dieser Stelle könnte der Einwand kommen: Das sind doch nur Erwartungen. Wer weiß, ob sie eintreffen. Für den Saldo der Personaleinstellungen und Entlassungen gilt das nicht. 2004 haben 55 Prozent von in CSR-Fragen »proaktiven« Unternehmen mehr Mitarbeiter eingestellt. Bei den »CSR-reaktiven« sind es nur 48 Prozent.

Europäische CSR-Kritiker wie der ehemalige *FAZ*-Wirtschaftspolitikchef Hans D. Barbier argumentieren im Sinne Milton Friedmans nach wie vor, dass teures gesellschaftliches Engagement immer zu Lasten des Profits und damit zu Lasten der Aktionäre geht. Der Ehrenpräsident von Nestlé, Helmut Maucher, kommentiert CSR-Vorstöße mit den Worten: »Sie reden von *giving back*, als hätten sie zuvor etwas gestohlen.« Meist fällt in diesem Zusammenhang auch das Wort vom »Ablass-Kapitalismus«. Die Fakten sprechen eine andere Sprache. Auch an der Börse deutet immer mehr darauf hin, dass Unternehmen mit hohen moralischen Ansprüchen eine bessere Performance hinlegen als Unternehmen, die sich ausschließlich am Ideal der Profitmaximierung orientieren. Der Dow Jones Sustainability Index, der Unternehmen mit hohen Umwelt- und Sozialstandards listet, überflügelt seinen morallosen Vetter deutlich. Als besonders profitabel hat sich der »Natur-Aktien-Index« NAI erwiesen. Seit 1997 umfasst er 25 Unternehmen, die sich nach Ansicht einer Auswahljury besonders stark den Zielen des ökologisch nachhaltigen Wirtschaftens verschrieben haben. Seit der Gründung bis Ende Januar 2006 hat sich der NAI um mehr als 180 Prozentpunkte besser entwickelt als der Weltaktienindex MSCI World.

Finanztechnisch bringen hohe Sozial- und Umweltstandards einem Konzern zunächst einmal Stabilität. Eine Firma, die nachweislich nicht mit Kinderarbeit produziert, wird diesbezüglich auch keinen PR-GAU erleben wie Nike. Rückversicherer preisen

CSR-Aktivitäten deshalb heute in ihre Policen ein. In den USA hat der Wind bereits gedreht. Dort sind es gerade die Finanzinvestoren, die das Thema vorantreiben. »Die erwarten geradezu von den Unternehmen schlüssige Konzepte«, sagt der Eichstätter Wirtschaftsethiker André Habisch. Als besonders sensibel für CSR gelten institutionelle Anleger wie Pensionsfonds. Sie müssen langfristig und nachhaltig denken. Der ENRON-Skandal, infolge dessen Tausende amerikanische Pensionäre ihre Alterssicherung verloren, hat daran noch einmal in aller Deutlichkeit erinnert. *Corporate Social Resposibility* ist in diesem Sinne auch eine Reaktion auf die historische Entwicklung der Trennung von Eigentum und Geschäftsführung. Früher führten der Gründer beziehungsweise dessen Söhne oder Enkel als Hauptgesellschafter die Geschäfte und kannten das Gros ihrer Mitarbeiter gut oder zumindest beim Namen. Mit ihrem eigenen Namen stand der Patron für Wohl und Wehe des Unternehmens ein – und zwar sein gesamtes Arbeitsleben lang. Vorstandsvorsitzende von Aktiengesellschaften stehen hingegen nur einige Jahre an der Spitze eines Unternehmens. Läuft etwas schief, gehen sie in Vorruhestand oder wechseln das Unternehmen. An die Stelle der lebenslangen, persönlichen Verantwortung des geschäftsführenden Gesellschafters ist in globalisierten Konzernen – zumindest in den fortschrittlichen – ein künstliches Konstrukt getreten. Das gibt angestellten Managern vor, wie sie ihre Verantwortung wahrzunehmen haben. CSR ist ein Teil dieses Konstruktes.

Die Geschichte vom guten Unternehmen

Bei der Umsetzung der guten Vorsätze hinken viele CSR-inspirierte Vorstände allerdings den eigenen Ansprüchen hinterher. Darauf deutet auch die TNS-Emnid-Studie hin. Zwei Drittel der befragten Unternehmen haben keinen Mitarbeiter, der sich ausschließlich mit dem Thema CSR beschäftigt. Die Budgets für CSR bewegen sich meist im Promillebereich des Umsatzes. Nach Einschätzung der Bertelsmann Stiftung orientieren sich deutsche Betriebe im internationalen Vergleich noch sehr stark an den Wertvorstellungen der sozialen Marktwirtschaft alter Prägung, die mit dem Begriff Verantwortung vor allem den eigenen Mitarbeiter assoziierte. »Nichts gegen die Betriebssportgruppe, aber es fehlt noch die Wahrnehmung, dass CSR Umsatz und Gewinn steigern kann und soll«, kommentiert die Bertelsmann-Expertin Anna Peters. Auch für den Wettbewerb um die Moral gilt: Entdecke die Möglichkeiten. Ein Blick auf die andere Seite des Atlantiks kann dabei nicht schaden.

»Amerikanischen Unternehmen gelingt es viel besser, die eigene Firmengeschichte auch als Geschichte mit sozialer oder moralischer Komponente zu erzählen«, sagt Bernhard Fischer-Appelt, Gründer der gleichnamigen Kommunikationsagentur, und fügt an: »Wenn diese Geschichte wahr ist, sollte sie eine Firma auch offensiv kommunizieren.« Die Eiscremeproduzenten Ben & Jerry's beherrschen die Technik des »corporate storytelling« besonders gut. Ben Cohen und Jerry Greenfield fingen 1978 als Hippies mit einer Eisdiele an. Seitdem werden sie nicht müde zu betonen, dass sie allen Menschen innerhalb und außerhalb der Firma allen nur erdenklichen Respekt zollen und nie von der sympathischen Idee des Wohlstands für alle ablassen werden. Das hat freilich wenig mit Eis zu tun, auch wenn es schmeckt. Doch Ben & Jerry's behandelt seine Mitarbeiter eben tatsächlich mit viel Respekt und die Ben & Jerry's-Stiftung fördert tatsächlich interessante soziale und ökologische Initiativen mit hohen Beträgen. Unter den Global Playern der Lebensmittelindustrie ist die hübsche Geschichte von den freundlichen Hippies ein klares Alleinstellungsmerkmal.

Dov Charney, Gründer des Mode-Labels *American Apparel*, ist mit einer ähnlichen Botschaft zum größten T-Shirt-Produzenten der USA aufgestiegen. »Sweatshop free« ist die wichtigste Eigenschaft, die er seinen schlichten Baumwollprodukten mit auf den Weg ins Geschäft gibt. In Qualität, Form und Farbe setzen sich T-Shirts, Polos und Jogginghosen nicht nennenswert von der Konkurrenz ab. Doch im Unterschied zur Konkurrenz lässt *American Apparel* nicht in Asien produzieren, sondern Downtown Los Angeles. Ihren Nähern und Näherinnen, zumeist mexikanische Einwanderer, zahlt die Firma mit 12,50 Dollar pro Stunde das Doppelte des gesetzlichen Mindestlohns. Zudem bietet sie Krankenversicherung, kostenlosen Englisch-Unterricht und ein Dienstfahrrad gegen Smog und Stau, worüber Charney gern und ausgiebig mit jedem redet, der es hören möchte. Trotz Herstellungskosten von über drei Dollar pro Hemdchen hat *American Apparel* alle amerikanischen Lieferanten von 98-Cent-Shirts überrundet. Der Umsatz hat sich vier Jahre in Folge verdoppelt, und der Gründer kanadischer Herkunft wird von allen Seiten bejubelt. Die politische Rechte freut sich, dass er keine amerikanischen Arbeitsplätze nach Asien exportiert. Die Linke sieht den Beweis erbracht, dass auch die US-Version des Kapitalismus sozial sein kann. Dov Charney freut sich ebenfalls, erhöht sukzessive den Anteil an Öko-Baumwolle und eröffnet jeden Monat drei bis vier neue Shops.

Besonders spannend lässt sich die Geschichte vom guten Unternehmen erzählen, wenn bereits das Produkt ein Mittel zum moralischen Zweck ist. Eine solche Geschichte hat der Hamburger Stefan Wrage mit seiner SkySails GmbH geschrieben. Seit sechs Jahren entwickelt der studierte Wirtschaftsingenieur fußballfeldgroße Drachensegel für Frachtschiffe. Von Windkraft unterstützt, sollen spätestens ab 2008 die Öltanker und Containerschiffe auf den Weltmeeren ihren enormen Dieselverbrauch um die Hälfte reduzieren können. Dieses Jahr wird die erste große Motoryacht ein SkySail hissen – und damit barrelweise Sprit sparen. Der Weg von der Idee zum Prototypen, der den Durchbruch brachte, war steinig. Als »Ökospinner« wurde Wrage anfangs belächelt. Immer wieder stand die kleine GmbH mit heute 15 Mitarbeitern kurz vor dem Aus, weil die Finanzierung für die nächste Entwicklungsstufe fehlte. »Wir haben hier gemeinsam alle schwierigen Phasen durchgestanden, weil wir wussten, für eine sinnvolle Sache zu arbeiten«, sagt Wrage im Rückblick. »Ich wüsste nicht, was Mitarbeiter mehr motivieren könnte als Sinn.«

Das Unternehmen kann seinen Ingenieuren nur rund 80 Prozent des branchenüblichen Salärs zahlen. Dennoch springt keiner ab. Und auch bei der Suche nach Entwicklungskapital war die ökologische Sinnstiftung immer der Türöffner. Inklusive Sachleistungen sind bereits 5,2 Millionen Euro im Drachensegel verbaut. Gerade hat Wrage noch einmal acht Millionen für die letzte Finanzierungsstufe eingesammelt. 2010 soll das Unternehmen laut Geschäftsplan dann erstmals schwarze Zahlen schreiben. Wenn alles klappt, dürfte der Ökospinner und Hauptgesellschafter Wrage dann richtig reich werden. Zwar habe er seine Mission nicht des Geldes wegen gestartet, beteuert der 34-Jährige. »Aber es wäre doch toll, wenn man an einer guten Sache auch noch richtig gut verdienen könnte.«

Responsible Marketing

In den USA ist es eine Selbstverständlichkeit, dass Firmen mit ihrem gesellschaftlichen Engagement gezielt werben, um daraus einen betriebswirtschaftlichen Nutzen zu ziehen. In Deutschland geraten Unternehmen hierfür immer wieder in die Kritik. Diese Erfahrung musste im letzten Jahr auch Ritter-Sport machen. Im Sommer startete das Schokoladenunternehmen eine so genannte »Responsible-Marketing-Kampagne«. Responsible Marketing – in der PR-Branche auch »Cause-related-Marketing« genannt – verbindet Absatz direkt mit einem humanitären Zweck. Bei Ritter-Sport sah das so aus: In Fernsehwerbespots mit Iris Berben warb die Firma damit, dass für jede verkaufte Tafel Schokolade der Sorte Quadrago 1,4 Cent an das Unicef-Projekt »Schulen in Afrika« gehen. Unabhängig vom Abverkauf garantierte Ritter eine Spendensumme von 220 000 Euro. Mit dem Geld können 22 000 Schulkinder zwei Jahre lang mit Unterrichtsmaterialien versorgt werden. Sollte der Verkauf gut laufen, werden es noch mehr Bücher, Stifte, Schiefertafeln.

Keine schlechte Sache, sollte man meinen. Der *Spiegel* sah das anders. In einem dreiseitigen Rundumschlag holte das Nachrichtenmagazin gegen »Moral als Marketingmasche« aus und ironisierte auf Ritter bezogen: »›Jede Packung zählt, helfen Sie mit!‹, mahnt Schauspielerin Iris Berben im TV-Spot. Adrett gekleidete schwarze Buben lächeln dazu ähnlich glücklich in die Kamera wie die Kinder, die im Volvic-Spot Wasser aus dem Brunnen trinken. Abgemagerte Körper, wie sie derzeit in der Hungerregion Niger zu sehen wären, finden keinen Eingang in die Werbeästhetik der Charity-Kampagnen.« Der Bericht ließ kaum ein gutes Haar an dem aktuellen Trend zu »Responsible Marketing«. Quintessenz: Unternehmen versprechen viel und nebulös und am Ende profitieren vor allem sie selbst und nicht der Regenwald oder die Kinder in Entwicklungsländern.

Unter Wirtschaftsethikern, Marketingleuten und Fundraisern gibt es zurzeit eine lebhafte Diskussion über die Frage, ob sich Kommerz und Wohlfahrt koppeln lassen. »Natürlich müssen wir aufpassen, nicht als Steigbügelhalter für reine Vertriebsinteressen benutzt zu werden«, sagt Joachim Tomesch, Leiter der Abteilung Spenden bei Unicef-Deutschland. Im Gespräch folgen dann viele Argumente, warum richtig verstandenes »Responsible Marketing« Sinn machen kann. »Umgekehrt wird ein Schuh draus: Wir nutzen die Unternehmen als Steigbügelhalter, um auf unsere Projekte aufmerksam zu machen«, erklärt Tomesch. Das macht Sinn. Die Unicef hat selbst keinen Etat, eigene Werbung zu schalten. Um potenzielle Spender zu erreichen, ist sie auf Freianzeigen oder kostenlose Sendezeit angewiesen. »Responsible marketing«

ist eine zusätzliche Option. Damit ein Unternehmen mit der Hilfsorganisation kooperieren darf, muss es eine Reihe von Kriterien erfüllen. Der kommerzielle Partner muss sich mit den Unicef-Anliegen bereits nachweislich auseinandergesetzt haben.

Ritter beispielsweise hat seit Jahren das Kinderhilfswerk finanziell unterstützt, ohne dass die Öffentlichkeit davon etwas erfahren hat. Kooperationen mit Alkohol- und Tabakproduzenten, Rüstungsunternehmen oder Marken mit Kindern als Zielgruppe kommen für Unicef nicht in Frage. Die Unternehmen müssen einen Sockelbetrag an Spendenaufkommen garantieren und in ihrer Kampagne darauf verweisen, dass Unicef sich auch über direkte Zuwendungen freuen würde, nicht nur über indirekte per Produktkauf. Während der Ritter-Spots wurde deswegen die Nummer des Unicef-Spendenkontos eingeblendet. »Natürlich wollen wir auch mit Quadragos Geld verdienen, aber was wären wir für ein Unternehmen, wenn wir das nicht wollten«, verteidigt sich Ritter-Sprecher Seeger. Und eigentlich weiß er auch nicht so recht, wofür er sich verteidigen muss. Immerhin befindet er sich in prominenter Gesellschaft.

Volvic bohrte letztes Jahr, ebenfalls in Kooperation mit Unicef, Trinkwasserbrunnen in Afrika. blend-a-med unterstützt Klinikstationen für SOS-Kinderdörfer in Brasilien. Der Seifen- und Hautcreme-Hersteller Dove wirbt mit Models, die nicht dem 90-60-90-Schönheitsideal entsprechen und finanziert ein Zentrum gegen Essstörungen. Besonders viel Aufmerksamkeit erregte 2004 eine Kampagne der Großbrauerei Krombacher, die in Zusammenarbeit mit dem WWF den Schutz von zehn Millionen Quadratmetern Regenwald an den Verkauf ihrer Bierkästen koppelte. Der Aufmerksamkeit folgte eine einstweilige Verfügung. Wettbewerbsschützer zwangen Krombacher, die Werbeoffensive deutlich abzuschwächen. Juristisch müssen Marketingaktionen, die mit gesellschaftlichem Engagement verknüpft sind, mit dem Gesetz gegen unlauteren Wettbewerb (UWG) konform gehen. Die Grundsatzfrage lautet hier: Setzt ein moralisches Angebot einen Verbraucher unter psychologischen Druck, so dass er den eigentlichen Wert des Produktes gar nicht mehr richtig einschätzen kann?

Die deutsche Gesetzgebung hat »Responsible Marketing« bisher relativ enge Grenzen gesetzt. Im Zuge der EU-Harmonisierung wurde das UWG allerdings im Juli letzten Jahres umgeschrieben. Wie weit sich deutsche Firmen jetzt konkret vorwagen können, muss die Rechtsprechung im Einzelfall prüfen. Dies wird ein Trial-and-Error-Verfahren werden. Viele Fundraiser und Marketingexperten hoffen jedoch, dass mit der Gesetzesänderung auch ein Mentalitätswechsel einhergeht. Warum müssen wirtschaftskritische Medien und selbsternannte Verbraucherschützer bei der Verbindung von Moral und Marketing eigentlich immer und ausschließlich nach dem Haar in der Suppe suchen? Engagement von Firmen muss nicht den Firmen wehtun. Es muss helfen.

7. Zeit spenden – Ehrenamt, Freiwilligenarbeit und bürgerschaftliches Engagement

Die Welt lebt von den Menschen,
die mehr tun als ihre Pflicht.

Hans Balser, Oberstudiendirektor
aus Schleswig-Holstein

»Wir sind lieber kreativ«

In guten Geschichten spielt oft der Zufall die entscheidende Rolle. So auch in der vom Ehepaar Kerl aus dem mittelhessischen Dorf Rodheim und dem russischen Mädchen Julia aus der Millionenstadt Kasan an der Wolga. Die Geschichte beginnt mit sechs Bypässen. Reinhold Kerl, Jahrgang 1928, war morgens immer der erste in der Werkstatt – und abends der, der das Licht ausmachte. Ein Handwerker alter Schule. Sein kleines Unternehmen für Metallbau und Elektroinstallation mit einer Hand voll Angestellten lief sehr gut. Doch mit 53 kam der körperliche Zusammenbruch. Nach schwerer Herzoperation und Kur musste auch Kerl einsehen: »Es hat keinen Sinn mehr. Wir müssen das Unternehmen verpachten.« Die Frührente war die einzige Option. Nach ein paar betrüblichen Monaten auf dem Sofa entdeckte er ein Hobby aus Jugendzeiten wieder, das Malen. Bald war die erste Ausstellung mit Motiven aus seiner Heimatgemeinde organisiert, und die Lokalzeitung wurde aufmerksam. 1991 illustrierte Kerl einen Kalender für den *Gießener Anzeiger*. Der Kalender wiederum fiel einer russischen Deutschlehrerin und Kulturaktivistin in die Hände, die zwei Jahre nach dem Fall des Eisernen Vorhangs in der Kreisstadt Gießen zu Besuch war. Sie kontaktierte die Kerls und bot dem verdutzten Heimatmaler an: »Wenn Sie wollen, können Sie Ihre Bilder in einer Moskauer Galerie ausstellen.« Seine Frau Leni entschied: »Das machen wir.« Die Ausstellung sollte ein paar Monate später beginnen. Die Bilder wollten die russischen Kulturaktivisten aus Kaluga in der Nähe von Moskau bei ihrem nächsten Besuch in Deutschland in ihrem alten VW-Bus mitnehmen.

Die Kerls kamen auf die Idee, gleich noch ein paar Hilfsgüter in die zerfallende Sowjetunion zu schicken. Das Ehepaar fragte zunächst im Dorf herum, wer vielleicht einen alten Rollstuhl besorgen könnte. Unvorsichtigerweise aktivierte Leni Kerl auch den Kontakt zur Lokalzeitung und bat in einer Randspaltennotiz um Sachspenden. In wenigen Tagen war der Keller voll. Auch in die Garage passte bald nichts mehr. Zum Glück stand beim Nachbarn im Gewerbegebiet gerade eine Lagerhalle leer. Ein paar Wochen später fuhr der erste Hilfskonvoi mit 86 Kubikmetern Rollstühlen, Krankenhausbetten, Medikamenten und Kleidung von Rodheim nach Kaluga. In den kommenden Jahren sollten 13 weitere Konvois folgen.

»Die Mengen haben uns anfangs vollkommen überfordert, aber wir konnten den Leuten ja nicht sagen: Wir wollen eure Rollstühle nicht«, erinnert sich Frau Kerl. Eine Woche nach der kleinen Zeitungsnotiz war klar, dass Geld für einen professionellen Transport her musste. Die Kerls gingen zum Rathaus und fragten, wie man ein Spendenkonto eröffnen könne. Darauf gab der Bürgermeister keine Antwort. Allerdings wusste er: »Ihr könnt Russland auch nicht retten.« Einen guten Rat hatte er auch noch im Köcher: »Lasst einfach die Finger davon.« Der Pfarrer der evangelischen Kirchengemeinde Rodheim war hingegen sofort begeistert: Wenn schon nicht Russland ganz retten, dann doch möglichst vielen Menschen helfen. Umgehend richtete die Kirchengemeinde als Treuhänder ein Spendenkonto für die Aktion »Ein Herz für Kaluga« ein. Die nötige Summe für den Transport kam schnell zusammen. Auf eigene Kosten flogen das Ehepaar Kerl und der Pfarrer dann nach Russland, um die korrekte Verteilung der Hilfsgüter zu überwachen. Das dauerte ein paar Tage. Auf dem Rückweg zum Flughafen fuhren russische Helfer, der Pastor und die Kerls noch bei einem Moskauer Invalidenheim vorbei, um die letzten Rollstühle abzugeben. Dort trafen sie zwei Stunden vor Abflug zufällig auf ein siebenjähriges Mädchen mit einem Bein und zwei alten Holzkrücken. Als Vierjährige wurde bei Julia aus Kasan an der Wolga Knochenkrebs diagnostiziert, ein Bein musste vollständig amputiert werden. Für eine Kinderprothese hatten die Eltern kein Geld. In die Schule durfte sie nicht gehen, da die Schulleitung keine Behinderten in der Klasse duldete. Eine Schule für körperbehinderte Kinder gab es aber nicht. Drei Jahre lang hatte das Kind zu Hause gesessen, die Eltern waren ebenso wütend wie ratlos gegenüber der unfassbaren Willkür der örtlichen Schulbehörden.

Ein Arzt, der sich eigentlich für den Rollstuhl bedanken wollte, fragte die Gäste aus Deutschland, ob sie für das Mädchen eventuell eine Prothese besorgen könnten. Die Kerls schauten sich unsicher an und wussten nicht recht, was sie sagen sollten. Der Pfarrer reagierte wieder spontan: »Selbstverständlich!« Im Flugzeug wurde man sich einig. Die Kerls wollten versuchen, dem Mädchen zu helfen. Sollten sie es nicht alleine schaffen, würde die Kirche einspringen. Heute fragt sich Leni Kerl oft: »Was wäre aus Julia geworden, wenn wir nicht zufällig in dem Heim vorbeigekommen wären?«

Kurz nach der Rückkehr aus Moskau erschien im *Gießener Anzeiger* ein neuer Spendenaufruf mit einem Treuhandkonto bei der evangelischen Kirchengemeinde Rodheim. Diesmal lautete das Kennwort »Julia«. Einen Tag später ging die erste Spende ein: 5000 Mark einer Rentnerin. Es folgten viele Jahre lang viele kleine Beträge. Die Kerls überredeten die Uni-Klinik in Gießen, bei Julia nur die Materialkosten in Rechnung zu stellen. Ein bekannter Orthopäde und Sportarzt aus ihrem Dorf sicherte die kostenlose Nachbetreuung zu und vermittelte eine Krankengymnastin, die ebenfalls keine Rechnung schreiben wollte. Zwei Monate später saß das Mädchen mit seinen Eltern im Flugzeug nach Deutschland. Sie blieben sieben Wochen. Als sie zurückflogen, konnte Julia laufen – und durfte in die Schule. Das war 1992. Seitdem war Julia jedes Jahr vier bis acht Wochen lang in Rodheim bei den Kerls, um eine neue, ihrem Wachstum angepasste Prothese zu bekommen. Jedes Jahr kostete das zwischen 5000 und 10 000 Mark. Die Bürger von Rodheim und Umgebung haben immer genug gespendet, um Material und Flüge zu finanzieren. Kein Arzt, Krankengymnast oder Therapeut hat jemals einen Cent für die Behandlung in Rechnung gestellt. Die Prothesenwerkstatt gab immer kostenlose Ersatzteile für das Folgejahr mit. Heute spricht Julia nahezu perfekt deutsch, studiert in Kasan im siebten Semester Jura und gehört zu den Besten ihres Jahrgangs. Auf die Idee, einen Verein für die Hilfslieferungen oder zur Unterstützung von Julia zu gründen oder öffentliche Mittel zu beantragen, sind die Kerls nie gekommen. »Wir haben halt getrommelt, wenn wir Hilfe brauchten. Und es waren immer genug Leute da, die geholfen haben.« Schon die Frage nach einem Verein erscheint ihnen seltsam. Nach einer Gedankenpause fügen sie an: »Wir sind lieber kreativ.« Reinhold Kerls Bilder haben es mit einigen Jahren Verspätung übrigens auch noch nach Moskau geschafft. Im ersten Konvoi war dafür kein Platz mehr gewesen.

Bowling together

Sind die Eheleute aus Mittelhessen die rühmliche Ausnahme in einer durch und durch individualisierten Gesellschaft? Ein seltener Reflex der Großzügigkeit, eingebettet in eine noch halbwegs funktionierende Dorfgemeinschaft im ländlichen Raum? Oder sind sie Teil eines Trends? Entdeckt der »flexible Mensch«, wie der New Yorker Soziologe Richard Sennett uns nennt, den Gemeinsinn wieder?

In den achtziger und neunziger Jahren haben sich die Deutschen in vielerlei Hinsicht aus der Gesellschaft zurückgezogen. Dieser Rückzug war Teil und Ausdruck eines fortschreitenden Individualisierungsprozesses, den viele Menschen als doppelte Befreiung empfanden. Zum einen setzte die »Individualisierung« den seit den sechziger Jahren bestehenden Trend fort, sich von traditionellen Formen der sozialen Kontrolle zu lösen. Für die Kinder der 68er war der Rückzug ins Private aber auch eine Befreiung von dem Weltverbesserer-Impetus der Eltern und den eingeimpften moralischen Skrupeln. Die »Generation Golf« maximierte tagsüber ihr Einkommen, machte es sich abends stilbewusst gemütlich und gab sich am Wochenende dem statusorientierten Konsum hin. Der Gemeinsinn spielte in diesen privatisierten Welten offenkundig keine große Rolle. Dabei war es durchaus nicht so, dass soziale Ungerechtigkeit oder Umweltverschmutzung von den zeitgeistbestimmenden Milieus geleugnet wurden. Sie hielten jedoch die betrüblichen Verwerfungen mit Ironie oder Zynismus auf Abstand. Dabei war dieses Phänomen keineswegs auf die Generation-Golf-Jahrgänge um 1970 beschränkt – und auch nicht auf Deutschland.

Der Harvard-Politologe Robert D. Putnam kam Mitte der neunziger Jahre in einem vieldiskutierten Aufsatz »Bowling alone – America's declining social Capital« zu dem Ergebnis: Auch die US-Amerikaner ziehen sich seit den fünfziger Jahren immer stärker von zivilgesellschaftlichem Engagement und gemeinschaftlichen Aktivitäten zurück. Der Artikel – und sein fünf Jahre später nachgelegtes Buch »Bowling Alone: The Collapse and Revival of American Community« – stützt sich auf zahlreiche empirische Daten über Aktivitäten und Mitgliedschaften bei Vereinen, Verbänden, Wohlfahrtsorganisationen, Kirchen usw. Als sinnfälliges Bild wählt Putnam die Situation in Bowlinghallen. Zwar nahm von 1975 bis 1995 die Zahl der Bowler und vermieteten Bowlingbahnen zu. Doch immer weniger Spieler waren in Vereinen und Nachbarschaftsligen organisiert. Die Menschen bowlen alleine. Als Ursachen für diese Ent-Gesellschaftlichung nennt der Wissenschaftler unter anderem den Fernsehkonsum, zeitraubende Anfahrtswege aus den Vororten zu den Arbeitsplätzen in den Innenstädten und die steigende Anzahl berufstätiger Frauen. Die negativen Folgen fasst Putnam so zusammen: Verlust an sozialem Kapital, also an sozialen Kontakten, Bindungen und Netzwerken, die dem Einzelnen nützen und die Gemeinschaft insgesamt voranbringen. Seinen Landsleuten gab Putnam noch einen sehr praktischen Rat, um wieder Sozialkapital aufzubauen: Abends den Fernseher auslassen und dafür mal beim Nachbarn klingeln.

Dem Buch folgte in den USA eine heftige Debatte. Einige Kritiker warfen dem Autor vor, er wünsche sich zurück in eine vorgeblich heile Welt der fünfziger Jahre, übersehe dabei aber leider den Rassismus und die Intoleranz jener Zeit. Andere fragten sich: Vielleicht stimmt ja die Ausgangsthese gar nicht? Vielleicht haben sich nur die Formen zivilgesellschaftlichen Engagements verändert, wofür die Sozialwissenschaftler ihren Blick noch nicht geschärft und ihre empirischen Untersuchungsmethoden noch nicht angepasst haben? Die Ausläufer der Diskussion über den Zustand der amerikanischen Zivilgesellschaft waren bis nach Europa zu spüren. In Großbritannien, Skandinavien und den Niederlanden stellten Wissenschaft und Politik plötzlich ebenfalls die Frage: Wie steht es eigentlich um unser soziales Kapital? Die Bundesregierung gab 1997 den ersten deutschen Freiwilligen-Survey in Auftrag. Die Signale aus den gemeinnützigen Organisationen gaben hierzulande wenig Anlass zu einer optimistischen Einschätzung. Nachwuchsmangel. Die Spendenaufkommen stagnierten. Und mit der Motivation schien es an vielen Stellen auch nicht so weit her. Von der »Krise des Ehrenamtes« war zu lesen. Soziologen und Feuilletons diagnostizierten eine Gesellschaft der »Ich-linge«, und Roman Herzog warnte, dass die »moralische Temperatur« weiter zu sinken drohe.

Die Ergebnisse der ersten umfassenden Datensammlung zu bürgerschaftlichem Engagement, Ehrenamt und Freiwilligenarbeit überraschten dann 1999 viele Experten. Differenziert betrachtet, fiel das Bild der Bürgerschaft gar nicht so schlecht aus: Ende der neunziger Jahre arbeiteten in Deutschland knapp 22 Millionen Menschen aktiv bei Organisationen, Vereinen oder Gruppen mit, die ohne Gewinnstreben im öffentlichen Raum wirkten. Anders ausgedrückt: 34 Prozent der Bevölkerung übernahmen Ämter und Funktionen in den politischen Organen der Kommunen, trainierten die Handball-Minis oder standen Aids-Infizierten mit Rat und Tat zur Seite. Im Schnitt leisteten sie pro Woche rund fünf Stunden freiwillige Arbeit. Noch einmal mehr als 20 Millionen Menschen waren Mitglied in Organisationen, Vereinen oder Gruppen ohne aktiv besondere Aufgaben oder Arbeiten zu übernehmen. Mit diesen Zahlen landete Deutschland zwar im internationalen Vergleich eher im Mittelfeld. Die Engagementquoten in Großbritannien, Skandinavien und den Niederlanden liegen je nach Messmethode über 40 Prozent. In den USA engagieren sich mehr als die Hälfte aller Bürger. Doch der zweite Freiwilligenbericht belegt einen erfreulichen Trend: Die deutschen Freiwilligen holen langsam aber sicher auf. Heute übernehmen bereits 36 Prozent feste Funktionen und Aufgaben in der Zivilgesellschaft, also 2 Prozent mehr als fünf Jahre zuvor. Das sind mehr als 23 Millionen Menschen. Die Entwicklung hin zu mehr Engagement zeigt sich in nahezu allen Altersgruppen und gesellschaftlichen Schichten. Besonders groß sind die Zuwächse jedoch bei den so genannten »jungen Alten«, also Menschen über 64 Jahren mit noch hoher Leistungsfähigkeit, sowie bei Arbeitslosen und Frauen.

Männer engagieren sich nach wie vor stärker als Frauen, die allerdings in sozialen Organisationen die Mehrheit bilden. Hohes Bildungsniveau, hohes Einkommen, Kirchenbindung, ein großer Freundes- und Bekanntenkreis und ein Leben in Mehrpersonenhaushalten erhöhen statistisch die Wahrscheinlichkeit, dass sich ein Mensch in seiner Freizeit für andere regelmäßig einsetzt. Westdeutsche engagieren sich häufiger als Ostdeutsche. Zudem gibt es bei der Engagementquote ein Süd-Nord-Gefälle. Musterland des bürgerschaftlichen Engagements ist und bleibt Baden-Württemberg. Dies liegt neben einer starken bürgerschaftlichen Tradition auch an der hohen Anzahl mittelgroßer Städte wie Freiburg, Friedrichshafen, Heidelberg oder Nürtingen. Hier blüht bürgerschaftliches Engagement geradezu. Trotz erfreulichen Zuwächsen von Menschen ohne festen Job ist Arbeitslosigkeit nach wie vor eine Hürde für Beteiligung an Gemeinsinn-Aktivitäten. Auch Migranten hinken beim Engagement hinterher, obgleich es hier positive Signale gibt. Eine Untersuchung des Zentrums für Türkeistudien aus dem Jahr 2004 kommt zu dem Ergebnis, dass über 60 Prozent der türkischstämmigen Migranten bei Vereinen und Initiativen mitmachen. Allerdings übernimmt nur jeder Zehnte von ihnen eine feste Aufgabe. 40 Prozent beteiligen sich an türkisch dominierten Aktivitäten, 35 Prozent in deutsch-türkischen und 16 Prozent in vorwiegend deutschen Organisationen.

Das Engagement der Jugendlichen in Deutschland stagnierte in den letzten fünf Jahren auf hohem Niveau, obgleich sich in Umfragen zeigt: Freiwilliges Engagement hat einen sehr guten Ruf und die meisten wären auch bereit, sich zu engagieren, wenn sie eine passende Aufgabe fänden. »Wenn man passive Jugendliche fragt, warum sie sich nicht engagieren, antworten sie oft: ›Uns hat noch niemand aufgefordert‹«, berichtet Rainer Sprengel vom Maecenata Institut und folgert: »Wer gute Angebote macht und Jugendliche richtig anspricht, wird auch viele neue Interessenten finden.« 63 Prozent der nicht-engagierten Jugendlichen haben laut Freiwilligen-Survey Interesse an Engagement. Die Klage traditioneller Organisationen, Jugendliche wollten sich immer weniger für andere einsetzen, beruht eindeutig auf einer Fehlwahrnehmung. Junge Menschen haben heute eine deutlich größere Auswahl, wo sie sich einbringen können. Zu Kirche, Sportverein und Feuerwehr ist eine Vielzahl »junger« Organisationen hinzugekommen – von der selbstverwalteten Filminitiative über die amnesty-Jugendgruppe bis hin zu den Globalisierungsgegnern. Der Konkurrenzkampf der Organisationen um die geburtenschwache Jahrgänge wird also härter. Die Formen des jugendlichen Engagements unterscheiden sich übrigens stark nach Bildungsgrad. Thomas Rauschenbach vom Deutschen Jugendinstitut formuliert es so: »Gymnasiasten gehen in Organisationen, wo man viel quatschen kann. Hauptschüler wollen Uniform tragen, Auto fahren, Feuer löschen, Menschen helfen.«

Eine wachsende Bereitschaft, Gemeinschaftsaufgaben zu übernehmen ist nicht nur bei den Jungen unter 25 Jahren festzustellen. Der Freiwilligen-Survey 2004 misst: 32 Prozent der Nicht-Engagierten sind – zumindest auf dem Papier – bereit, sich zu engagieren. 1999 waren es nur 26 Prozent. Diesem wachsenden Bedarf trägt eine weitere ermutigende Entwicklung Rechnung. In fast jeder größeren Stadt gibt es heute eine oder mehrere Freiwilligenagenturen, -zentren oder -börsen. Diese Agenturen – ob kommunal oder privat organisiert – haben es sich zur Aufgabe gemacht, Angebot und Nachfrage der Freiwilligenarbeit zusammenzubringen. Auf Internetplattformen und in Sprechstunden beraten und vermitteln sie Menschen, die Lust haben sich zu engagieren, an Organisationen und Initiativen mit Bedarf an Freiwilligen. 180 Freiwilligenagenturen sind in den letzten 15 Jahren in Deutschland entstanden. Hinzu kommen mehr als 350 Kontaktstellen von gemeinnützigen und karitativen Organisationen, die gezielt um Freiwillige werben.

»Viele Menschen, die zu Freiwilligenagenturen kommen, befinden sich selbst gerade in einer Umbruchsituation«, weiß Gerd Placke. Placke hat mehrere Jahre lang in Freiwilligenzentren in Bremen und Berlin gearbeitet. Heute denkt er über das Thema im Auftrag der Bertelsmann Stiftung nach. Mit »Menschen in Umbruchsituation« meint er frisch Zugezogene, die in ihrer neuen Stadt Anschluss suchen oder Eltern, deren Kinder gerade aus dem Haus sind. Aber auch Rentner oder Arbeitslose, die nicht so recht wissen, wie sie ihren Tagesablauf strukturieren sollen, zählen zu den gern und häufig gesehenen Kunden in Freiwilligenagenturen. »Ziel muss es sein, diesen Menschen eine Auswahl zu bieten und ihnen sinnvolle Wege des Engagements aufzuzeigen. Sie müssen dann selbst für sich entscheiden, welche Form des Engagements für sie das Richtige ist«, sagt Placke. Er nennt diesen Prozess »Empowerment« – Menschen helfen, anderen so effektiv wie möglich zu helfen.

»Was will ich eigentlich für ein Mensch sein?«

Für den Berliner Soziologen Heinz Bude sind diese Zahlen zu wachsendem bürgerschaftlichem Engagement nur ein Hinweis unter vielen: »Das Zeitalter der ›rational choice‹ hat seine Ernüchterungsphase erreicht.« Gewinnmaximierung mag für denjenigen funktionieren, der sich besonders clever anstellt. Und Frechheit mag auch tatsächlich hier und da weiterkommen. Doch immer mehr Bürger, beobachtet Bude, stellen sich eine Frage, die etwas weiter greift: »Was will ich eigentlich für ein Mensch sein?« Sobald sich jemand diese Frage stellt, wird die Suche nach dem allerletzten Steuerschlupfloch sehr schnell langweilig. Sie bietet nämlich keine Antwort auf das, was den Menschen wirklich bewegt oder, wie Bude formuliert, »seinen wesentlichen Reflexionshorizont ausmacht«. Dabei entdeckten die Bürger zurzeit eine Selbstverständlichkeit wieder: »Es kostet etwas, ein Bürger zu sein, nämlich die Verpflichtung, für andere etwas zu tun.« Diese Verpflichtung übernehmen viele gern, weil sie ihnen eine »Sinnperspektive gibt« und sie damit zufriedener ins Bett gehen. Auch hierfür hat Bude einen hübschen Soziologen-Begriff parat: »Ökonomie der psychologischen Vorteilsnahme«. Hierin liege die große Chance für die »Renaissance der Bürgergesellschaft«.

Der Rheinländer Heinz Bude führt seine Interviews gerne auf einem Spaziergang durch »seinen« Berliner Kiez SO 36 in Kreuzberg. Hier ist Berlin sehr türkisch, soziale Desintegration auch unter Deutschen weit vorangeschritten, und dennoch gibt es eine deutlich sichtbare Zahl wohlsituierter Bürger, die offenkundig aus intellektuellen Milieus stammt. Jedes Jahr am 1. Mai verbünden sich in SO 36 türkische, arabische und deutsche Jugendliche mit den gewaltbereiten Gutmenschen aus der Autonomenszene im Kampf gegen die Bereitschaftsrepräsentanten des »Schweinesystems« in ihren grünen Manga-Uniformen. Seitdem Kreuzberger Geschäftsleute, Multi-Kulti-Gruppen, Nachbarschaftsvereine und interessierte Bürger gemeinsam ein Fest unter dem Motto »Das ist unserer Kiez – Randalierer raus aus Kreuzberg« feiern, fällt die Randale deutlich sanfter aus. »Die Menschen haben wieder ein Bewusstsein dafür entwickelt, dass der öffentliche Raum ihnen gehört«, glaubt Soziologe Bude. Das fange mit kurzatmigen Protesten an, wenn Punks ihren Müll einfach im Park liegen lassen und finde beim Verein für einen Abenteuerspielplatz noch lange kein Ende. Dabei steige die Zahl der ermutigenden Beispiele, dass dieses Engagement tatsächlich Früchte trägt.

»Meine Soziologengeneration ist in dem festen Bewusstsein aufgewachsen, dass man das System Stadt nicht verändern kann, weil es zu komplex ist«, plaudert Bude auf dem Weg vom Heinrichs- Richtung Mariannenplatz. »Die Entwicklung von New York vom unsicheren Moloch zur prosperierenden Wohnmetropole in den letzten fünfzehn Jahren hat das Gegenteil bewiesen.«

Die Politik der Null-Toleranz von Ex-Bürgermeister Rudolph Giuliani sei dabei nur die eine, notwendige Seite der Medaille. Dass die Repression gegen Gewalt und Verbrechen Erfolg hatte, sei erst durch das massive Engagement der vielen Graswurzel-Initiativen möglich geworden. An jeder miesen Ecke eroberten sich die Bürger ihre Stadt zurück. Am Ende dieses Prozesses haben sie eine vollkommen neue Lebensqualität geschaffen.

Der flexible Helfer

Allen Unkenrufen zum Trotz: In Deutschland scheinen die Rahmenbedingungen für erfolgreiches zivilgesellschaftliches Engagement gar nicht so schlecht zu stehen. Nach Einschätzung des in 60 Ländern durchgeführten Forschungsprojektes CIVICUS *Civil Society Index* haben wir in Deutschland eher ein Problem der Masse als der Klasse. Der Bericht sieht es als eine Stärke der deutschen Zivilgesellschaft an, dass die Arbeit von Engagierten hierzulande eine vergleichbar hohe »gesellschaftliche Relevanz« besitzt. Als Schwachstelle wurde hingegen die mittelmäßige Engagementquote identifiziert. Die Rahmenbedingungen für die Zivilgesellschaft werden im internationalen Vergleich hingegen als insgesamt gut bis sehr gut bewertet.

Was also tun, um die Quote zu erhöhen? Die Kurzfassung der Antwort heißt: Freiwillige wollen ihre gemeinnützige Arbeit erstens stärker selbst gestalten, zweitens mit Hauptamtlichen auf Augenhöhe kommunizieren, drittens projektbezogen arbeiten und sich nur für einen überschaubaren Zeitrahmen binden und viertens für ihr Engagement eine angemessene (symbolische) Anerkennung erfahren. Hierauf werden sich alle Organisationen einstellen müssen, die auf Freiwillige, Ehrenamtler oder bürgerschaftlich Engagierte zählen. Ansgar Klein, Geschäftsführer des Bundesnetzwerkes Bürgerschaftliches Engagement, ist überzeugt:

»Die Zeiten sind vorbei, in denen Hauptamtliche Freiwillige herumkommandieren konnten. Wer den Eindruck hat, der billige August zu sein, bleibt nicht lange dabei.«

Leider ist die Struktur vieler Organisationen aber nach wie vor preußisch geprägt. Das Prinzip Befehl und Gehorsam ist jedoch mit dem Selbstverständnis der meisten Freiwilligen heute nicht mehr vereinbar. Michael Bürsch, Vorsitzender der Enquete-Kommission des Deutschen Bundestags »Bürgerschaftliches Engagement« sieht das so: »Es klafft eine Lücke zwischen dem Leitbild einer nach demokratischen Regeln selbst gestalteten und verantworteten Lebenssphäre selbstbewusster Bürgerinnen und Bürger und der institutionellen Wirklichkeit von Verbänden, Vereinen und anderen bürgerschaftlichen Organisationen.« Etwas konkreter könnte man auch sagen: Hauptamtliche müssen in der Zusammenarbeit mit Ehrenamtlichen noch viel lernen. Denn wer auf die Wünsche der Freiwilligen nicht eingeht, verschenkt wertvolle Ressourcen. Vielen Hauptamtlichen fällt der Gedanke ausgesprochen schwer, dass Ehrenamtliche für bestimmte Aufgaben vielleicht sogar besser geeignet sein könnten, als sie selbst.

Hinzu kommt, dass Menschen heute nicht mit ihrem Milieu automatisch in bestimmte Formen des sozialen Engagements hineingeboren werden. Die katholische Landjugend ist keine Pflichtveranstaltung mehr. Der flexible Mensch muss und will sich sein Engagement selbst suchen, denn der Prozess der Individualisierung und der Wertewandel haben vor dem traditionellen Ehrenamt nicht Halt gemacht. Die Forschungsgruppe Politik der Bertelsmann Stiftung fasst in einer Studie mit dem Titel »Gemeinsinn – Gemeinschaftsfähigkeit in der modernen Gesellschaft« den für bürgerschaftliches Engagement heute relevanten Wertekanon wie folgt zusammen:

- es gibt ein verstärktes Bedürfnis nach persönlicher Autonomie und eigenem Handlungsspielraum,
- Mitbestimmung und Teilhabe werden zunehmend geschätzt

und eingefordert: Es gibt ein verstärktes Bedürfnis, über Dinge, die einen selbst betreffen, auch selbst mitentscheiden zu können,

- die Bereitschaft zur Übernahme von Rollenpflichten unabhängig von eigener Zustimmung verringert sich und eingegangene Bindungen werden leichter relativiert,
- Erziehung in Familie und Schule zielt auf die Selbstständigkeit der Person,
- Geschlechterbeziehungen stehen stärker unter dem Leitbild von Partnerschaftlichkeit und Gleichberechtigung,
- die Kirchen und ihre Lehre verlieren an Bedeutung für die persönliche Lebensführung, da formale Autoritätsansprüche nicht mehr unhinterfragt akzeptiert werden.

Dass Menschen selbst bestimmt handeln, heißt jedoch nicht, dass sie weniger helfen wollen. Individualistische und gemeinschaftliche Werte schließen sich nicht aus. Die Individualisierung entzieht dem Geben für die Gemeinschaft nicht den Boden, sie schafft andere Voraussetzungen. Die Menschen wollen anders helfen. Und dieses Phänomen ist keineswegs auf jugendliche Freiwillige beschränkt. Ein »junger Alter«, der sein Leben lang in verantwortlicher Position berufstätig war, lässt sich von einem Schichtleiter auf der Sozialstation nicht zu Tätigkeiten anweisen, die ihm sinnlos erscheinen. Er möchte auch nicht den Eindruck haben, als Lückenbüßer immer dann einspringen zu müssen, wenn sonst gerade keiner Lust hat. Spaß am Engagement ist auch für die im Freiwilligen-Survey 2004 befragten Engagierten die wichtigste Erwartung. Gerade bei den großen, etablierten Wohlfahrtsorganisationen, hat sich diese Erkenntnis noch nicht ausreichend herumgesprochen. Das fängt bei dem Telefonisten an der Zentralnummer eines Krankenhauses an. Wenn dort jemand anruft und fragt, wie er sich ehrenamtlich engagieren kann, sollte er nicht zur Antwort bekommen: »Ich weiß jetzt auch nicht so genau, zu wem ich Sie verbinden kann.«

Dabei wollen sich die Engagierten heute über ihre Helfer-Biografie hinweg nicht auf eine Form des Gebens für die Gesellschaft festlegen nach dem Motto: einmal Malteser, immer Malteser. Der flexible Helfer neuen Typs verleiht seinem Engagement gerne Episodencharakter. Als Jugendlicher leitet er die CVJM-Gruppe. Im Studium macht er für die amnesty-international-Gruppe seiner Universitätsstadt Pressearbeit. Solange die Kinder klein sind, möchte er lieber keine offiziellen Funktionen übernehmen, sondern hilft, das Kita-Fest zu organisieren. Im Betrieb setzt er sich ein paar Jahre später für das CSR-Programm ein, und sind die Kinder selbst Studenten, entdeckt er seine kirchlichen Wurzeln wieder und betreut bei der Bahnhofsmission Obdachlose. Auf diese Geber-Biografien müssen gemeinnützige Organisationen ihre Angebote stärker zuschneidern. Das heißt zum einen, zeitlich flexible Angebote für potenzielle Freiwillige zu schaffen. Zum anderen sollten Engagierte nicht den Eindruck haben, auf sie könnte Druck ausgeübt werden, wenn sie ihr Engagement später einmal zurückfahren oder einstellen wollen. Die Exit-Option ist Teil des modernen Paktes zwischen Organisation und Freiwilligen.

Die (Nachwuchs-)Krise des traditionellen Ehrenamtes ist in mancher Hinsicht hausgemacht. Viele Freiwillige und Ehrenamtliche neigen dazu, die großen Anstrengungen in den Vordergrund zu stellen, die ihr Engagement mit sich bringt. Dann betonen sie noch, wie viel Idealismus nötig ist, diese Aufgabe zu erfüllen, wie zeitraubend das alles ist und wie wenig Dank und Anerkennung sie erfahren. Am Ende wundern sie sich dann, warum sie keinen Nachfolger finden. Genau wie bei reichen Gebern gilt auch im Bereich Freiwilligenengagement: Auf die richtige Ansprache kommt es an. »Viele ehrenamtlich Engagierte werden im Rückblick bestätigen, dass ihr Einsatz zwar auch Belastung war, sie aber auf diese Weise Fähigkeiten erworben haben, die sie anderweitig wohl nicht entwickelt hätten«, sagt der Bayerische Landtagspräsident Alois Glück, der seit Jahren in seinem Freistaat für eine aktive Bürgergesellschaft wirbt. Im Ehrenamt lernen Menschen zu organisieren, vor Publikum zu sprechen, sie gewinnen Kontakte und erweitern auf diese Weise ihren Horizont. »All dies ist eine große Bereicherung, die als solche auch anderen zu vermitteln ist, als Ermutigung, sich ebenfalls zu engagieren«, sagt Glück. Seine Reden zu Freiwilligenengagement haben meist die Überschrift: »Wer sich engagiert, gewinnt!«

Die Gesellschaft im Kleinen

In Kapitel »Geben macht glücklich« haben wir gesehen, welchen psychologischen und in der Folge auch physisch greifbaren Nutzen Menschen aus freiwilligem Engagement ziehen. Sie führen ein aktiveres Leben, sind sozial besser integriert, haben ein positiveres Bild von sich selbst und sind zufriedener respektive glücklicher mit ihrem Leben. Dies alles führt dazu, dass sie seltener und weniger schwer erkranken. Es gibt deutliche Hinweise, dass zivilgesellschaftlich engagierte Menschen länger leben als diejenigen, die sich nur um sich selbst kümmern. Wer freiwillig für andere arbeitet, erntet die Früchte der Arbeit automatisch mit. Dieser Effekt wirkt sich offenbar umso stärker aus, je weniger die Menschen über diesen Eigen-Nutzen nachdenken. Welche Motivation treibt in Deutschland den Trend zum Mitmachen? Der Freiwilligen-Survey 2004 ist dieser Frage auf Basis von empirischen Erhebungen des Meinungsforschungsinstitutes TNS Infratest sehr genau nachgegangen und unterscheidet dabei zwischen Erwartungen und Motiven. Das Ergebnis deutet eine recht ausgewogene Mischung aus egoistischen und altruistischen Motiven an. Zwei Trends laufen parallel. Die wichtigste Erwartung der Freiwilligen lautet wie angedeutet: »Dass die Tätigkeit Spaß macht.« Auf einer Skala von 1 (unwichtig) bis 5 (außerordentlich wichtig) stimmen die Freiwilligen dieser Aussage mit einem durchschnittlichen Wert von 4,5 zu. Es folgt die Erwartung, »dass man mit sympathischen Menschen zusammenkommt«. Doch nahezu ebenso viel Zustimmung finden die Erwartungen: »Dass man damit anderen Menschen helfen kann« und »dass man etwas für das Allgemeinwohl tun kann«.

Klare ideelle Prioritäten setzen die Engagierten bei ihren Motiven. Am wichtigsten ist es ihnen, »die Gesellschaft durch ihr Engagement zumindest im Kleinen mitgestalten« zu können. 65 Prozent stimmen dieser Formulierung »voll und ganz« zu, 29 Prozent »teilweise«. Auch das Pflichtgefühl spielt für viele Freiwillige nach wie vor eine wichtige Rolle. Immerhin 44 Prozent von ihnen sehen sich »voll und ganz« in der Pflicht, durch ihr Engagement eine Aufgabe anzupacken, »die gemacht werden muss und für die sich schwer jemand findet«. Weitere 40 Prozent stimmen dieser Aussage »teilweise« zu. Eine wichtige Frage an den Freiwilligen-Survey 2004 bestand darin, inwiefern die Engagierten ihr freiwilliges Engagement auch als eine Form von politischem Engagement begreifen. 21 Prozent der Engagierten stimmen diesbezüglich »voll und ganz«, immerhin 27 »teilweise« zu. Weniger als die Hälfte mag sich nicht viel anhören. Doch wenn man berücksichtigt, dass die meisten freiwilligen Tätigkeiten eigentlich keinen politischen Charakter haben, muss die Bewertung anders ausfallen.

Der Freiwilligen-Survey berührt an dieser Stelle eine Grundfrage, die viele Köpfe der Zivilgesellschaft gerne aussparen. Welchen Wert für die Gemeinschaft hat welche Form des Engagements? Diese Frage impliziert eine Rangfolge in der gesellschaftlichen Relevanz von Ehrenämtern. Ist die Funktion des Kassenwarts im Verein der Modelleisenbahnfreunde genauso gemeinnützig wie die Arbeit des Übungsleiters beim Kinderturnen oder das Engagement von Freiwilligen in einem Sterbehospiz? Das Recht beantwortet diese Frage mit einem klaren Ja. Das moralische Thermometer der Zivilgesellschaft, um Roman Herzogs Bild aufzunehmen, kommt wohl zu einem anderen Ergebnis.

Das Engagement in Deutschland hat – und das darf bei aller Freude über steigende Engagementquoten nicht übersehen werden – nach wie vor einen starken Freizeitcharakter. In dem Bereich Sport und Bewegung engagieren sich 40 Prozent der Deutschen, bei Freizeit und Geselligkeit sind es 25,5 Prozent. 18 Prozent sind auf dem Feld Kultur und Musik aktiv. Die Zahlen für Soziales (13 Prozent), Schule und Kindergarten (12,5 Prozent), Umwelt- und Tierschutz (9,5 Prozent) oder Politik und Interessenvertretung (7 Prozent) fallen deutlich niedriger aus. (Zahlen aus Freiwilligen-Survey 2004. Mehrfachnennungen waren möglich, daher ist die Summe höher als 100 Prozent.)

Soziologe Putnam argumentiert: Jede Form des Engagements ist besser als kein Engagement. Auch die bloße Mitgliedschaft im Modelleisenbahnclub bedeutet einen (wenn auch kleinen) Zugewinn an sozialem Kapital, denn er ist ein Weg aus der Vereinzelung in der Gesellschaft. Das mag sich banal anhören. Doch je mehr sich traditionelle Bindungen auflösen, desto geringer werden die automatischen Sozialkontakte. Noch vor 30 Jahren war es selbstverständlich, dass ein Arbeiter auch Mitglied der Gewerkschaft und ein Landwirt Mitglied im örtlichen Bauernverband war. Heute ist das eher die Ausnahme als die Regel. Und ein allein lebender Sozialhilfeempfänger hat so gut wie keine zwingenden Sozialkontakte mehr. »Natürlich hat jeder von uns seine persönliche Präferenzliste, was er für gesellschaftlich wichtig hält und was nicht«, betont Gerd Placke, doch im Nachsatz wendet er ein: »Aber wer will nach welchen Kriterien eine verbindliche Rangfolge erstellen, was förderungswürdig ist und was nicht?« Verschiedene Frauengruppen und Sozialverbände haben in den letzten Jahren immer wieder gefordert, freiwilliges soziales Engagement bei der Alterssicherung anzurechnen. Diese Idee scheint auf den ersten Blick sinnvoll. Doch die Diskussion um eine höhere Wertigkeit von Engagement könnte mehr Gräben aufreißen, als die Freiwilligenarbeit insgesamt zu fördern.

Mindestens zwei Gründe sprechen dagegen, Engagement rechtlich zu hierarchisieren. Zum einen entspricht es gerade dem Wesen der Zivilgesellschaft, dass jeder Engagierte sein Anliegen für das wichtigste überhaupt hält. Das macht den Umgang mit Freiwilligen zwar nicht immer einfach. Doch eben aus dieser Überzeugung heraus entsteht die Motivation, die nötig ist, um mit ganzer Kraft weiterzumachen. Zum anderen erreichen gerade Angebote, die nicht politisch oder moralisch aufgeladen sind, diejenigen, die sich von Politik und Gesellschaft ausgeschlossen fühlen. »Unterschätzen Sie die Wirkung von niedrigschwelligen Angeboten wie Sport- und Musikverein gerade bei Jugendlichen nicht«, mahnt Ansgar Klein vom Bundesnetzwerk Bürgerschaftliches Engagement. Ein Jugendlicher aus einem Problemviertel, der regelmäßig Fußball im Verein spielt, wird sich an anderer Stelle eher für eine Gemeinschaftsaufgabe einsetzen als der gleichaltrige Nachbar, der kiffend auf der Straße rumhängt. Ist hier allein der Wunsch Vater des Gedankens? Zumindest die Gewaltforschung gibt klare empirische Hinweise: Je stärker Jugendliche in Gemeinschaften eingebunden sind, desto weniger neigen sie dazu, andere zu verprügeln.

Aus klein mach groß

Die Gesellschaft durch Engagement im Kleinen mitgestalten, womöglich noch zum Besseren verändern? Die studierte Sozialarbeiterin Sabine Werth hat bewiesen, dass aus einer kleinen Idee eine ziemlich große Bewegung werden kann. Ende 1992 stieß ihre kleine, bürgerliche Frauen-Charity-Gruppe aus Westberlin mit dem unspektakulären Namen »Berliner Frauen e.V.« auf einen Artikel über den »City Harvest« des Roten Kreuzes in New York. Die Idee des amerikanischen Sozialprojektes war so einfach wie genial. Freiwillige holten in Supermärkten und bei Lebensmittelherstellern überschüssige Nahrungsmittel ab und verteilten sie kostenlos an Bedürftige. Für Sabine Werth, die hauptberuflich ein Unternehmen für Familienpflege führt, war sofort klar: »So etwas müssen wir auch in Berlin hochziehen!« Die bürgerlichen Damen der Gruppe fanden die Idee zwar auch gut. Mit Tatkraft hielten sie sich allerdings vornehm zurück. Werth stieg in ihren Privat-PKW, fragte bei Bäckern, Großmärkten und Gemüsehändlern nach Brot vom Vortag, Jogurt kurz vor dem Verfallsdatum und Tomaten mit kleinen Schönheitsfehlern. Die ersten Kofferraumladungen landeten bei einer Sozialstation.

Im März 1993 wollte sie die Idee in eine »organisatorisch sinnvolle Form gießen« und gründete die »Berliner Tafel e.V.«. Ein Computerhändler hörte davon und bot an, Werth könne freitags seinen Lieferwagen nutzen, wenn sie ihm ihren PKW für Notfälle vor die Tür stelle. 13 Jahre später erreicht die Berliner Tafel täglich 15 000 Menschen mit einwandfreiem Essen, das eigentlich für die Müllabfuhr vorgesehen war. 50 ehrenamtliche Fahrer kutschieren Tag für Tag nach einem wohl ausgeklügelten Dienstplan mit 15 Kleinlastern rund um die Uhr durch Berlin und sammeln monatlich 180 Tonnen Lebensmittel ein. Diese liefern sie dann bei 300 sozialen und karitativen Einrichtungen ab, darunter Suppenküchen, Wärmestuben, Beratungsstellen und Frauen- und Jugendhäuser. Doch Berlin war nur die Keimzelle. Die aus den USA importierte Idee verbreitete sich in Deutschland schneller als Lieferwagen fahren können.

1994, also ein Jahr nach der Gründung in Berlin, gab es in Deutschland sieben Tafeln. 1995 waren es schon 35, 1998 übersprangen die deutschen Tafeln die Marke 100. Heute sind über 500 örtliche Initiativen im Dachverband »Deutsche Tafeln e.V.« registriert, und der Gründer-Boom reißt nicht ab. Monatlich kommen ein paar neue Ortsgruppen hinzu – vor allem im ländlichen Raum, da es heute in nahezu allen Städten bereits Tafeln gibt. Der *Stern* nannte die 25 000 Tafel-Engagierten »die größte soziale Bewegung der 90er Jahre«. Ihr erklärtes Ziel ist es, die

Lebensqualität von armen Menschen zu verbessern. Über eine halbe Million Menschen in Deutschland versorgen sich haupt- oder zusätzlich über eine der 1200 Ausgabestellen, die bundesweit von den örtlichen Tafelvereinen beliefert werden. Zusammengerechnet sind das 70 000 Tonnen Lebensmittel im Jahr. Rund ein Drittel der Tafel-Gäste sind Kinder und Jugendliche. 11 Prozent sind obdachlos, ungefähr 40 Prozent Sozialhilfeempfänger. Rentner, Ausländer und Alleinerziehende gehören ebenfalls zu den Stammkunden.

Die Tafel-Bewegung ist ein Modellfall, an dem sich zeitgemäßes bürgerschaftliches Engagement nahezu unter Laborbedingungen beobachten lässt. Bürger kämpfen gemeinsam gegen ein offensichtliches Versagen von Markt und Überflussgesellschaft, für das die Politik keine Lösung anzubieten hat: Einwandfreie Lebensmittel werden vernichtet, obwohl sie viele Menschen gut gebrauchen können. Regel Nummer eins der freiwilligen Umverteilung lautet: »Jeder gibt, was er kann.« Unter denen, die Zeit geben, sind viele Arbeitslose. Sabine Werth schätzt den Anteil der arbeitslosen Freiwilligen in Berlin auf rund ein Drittel. »Viele von ihnen wollen endlich wieder eine Struktur in ihren Tagesablauf bringen, einen Grund haben, wieder aufzustehen«, beobachtet die Sozialarbeiterin. Der eine oder andere Frührentner hat eine neue Lebensaufgabe gefunden. Trockene Alkoholiker ohne Job und Führerschein fahren auf dem Beifahrersitz mit, um Kisten ein- und auszuladen. Doch es engagieren sich auch viele, die eigentlich wenig Zeit zu entbehren haben. Freie Grafiker gestalten kostenlos Plakate und Webseiten. KFZ-Mechaniker warten die Autos, Steuerberater helfen, die finanziellen Vereinsangelegenheiten in Ordnung zu halten. Modellhaft ist auch die Zusammenarbeit mit Unternehmen – und lang ist die Liste der Firmensponsoren. Der ADAC leistet Pannenhilfe, Burda und Gruner + Jahr schalten Anzeigen, Continental spendet im großen Stil Reifen und DaimlerChrysler hat bereits Autos im Wert von mehreren Millionen Euro geliefert. McKinsey berät, Paketdienste verschicken die Geschäftspost und Vodafone stellt Mobiltelefone ohne Grundgebühr.

Und noch ein erfreulicher Effekt ist zu beobachten. Die Tafeln schaffen Arbeitsplätze. »In Berlin sind es immerhin sechs«, freut sich Werth, »allesamt arbeitslose Freiwillige, die sich als besonders fähig erwiesen haben und in der Geschäftsstelle wieder eine berufliche Perspektive gefunden haben.« Die Stellen werden zum Teil aus Mitgliedsbeiträgen und Spendenaufkommen des Vereins, zum Teil vom Arbeitsamt finanziert. Auch hier sind die Berliner-Tafel-Engagierten ein kleines Beispiel, das für einen größeren Trend steht. Zwar gibt es keine genauen Zahlen über den Beschäftigungseffekt von zivilgesellschaftlichem Engagement. Eine Studie der Arbeitsgruppe »Neue Wohlstandsmodelle« des Wuppertaler Institutes Klima, Umwelt, Energie kommt jedoch zu dem Ergebnis, dass 100 Engagierte im Schnitt 13 bezahlte hauptamtliche Arbeitsplätze »ermöglichen«. Die Freiwilligen leisten dabei ungefähr genauso viele Arbeitsstunden wie die Hauptamtlichen und verdoppeln damit den Arbeitsumfang. Das Wuppertaler Institut führt in diesem Zusammenhang einen »Wohlfahrtsmultiplikator« ein und rechnet für verschiedene untersuchte Freiwilligeninitiativen vor: »Würden die hauptamtlichen Arbeitskräfte in der Gemeinschaftsarbeit allesamt aus öffentlichen Zuschüssen finanziert, so hätte der Multiplikator den Wert 2, denn die öffentliche Finanzierung von rund 100 Stunden formeller Arbeit wird insgesamt 200 Stunden Gemeinschaftsarbeit ermöglichen. Da aber ein Drittel der Gelder aus Spenden und Beiträgen stammt, die öffentliche Hand also nur zwei Drittel dazusteuert, hat der Multiplikator den Wert 3, denn die Finanzierung von 66 Stunden ermöglicht 200 Stunden Gemeinschaftsarbeit.«

Zwar sind auch die bloßen Zahlen der Tafel-Bewegung beeindruckend. Doch geht es Werth und ihren freiwilligen Kolleginnen und Kollegen nicht nur um Masse. Wie bei vielen anderen bürgerschaftlichen Initiativen wollen die Tafel-Mitarbeiter innovativ in die Gesellschaft wirken, also Themen besetzen, die ihrer Einschätzung nach zu kurz kommen. Dabei haben sie durchaus einen erzieherischen Ansatz. An verschiedenen Grundschulen in schwierigeren Vierteln verteilen die Berliner Tafel-Leute Brotbeutel mit gesundem Inhalt. Schwarzbrot, Apfel und ein leichter Jogurt-Drink sollen Kindern und Eltern vor Augen führen, dass gesunde Ernährung allemal günstiger ist als ungesundes Ketten-Fast-Food. Gleiches zeigt das von der Berliner Tafel geführte »Jugendrestaurant« mit einem kernigen, ausgewogenen Angebot, in dem Eltern und Kinder zum Mitmachen animiert werden. Dabei gibt es Brotbeutel und Mittagessen zwar günstig – für 20 Cent bzw. für einen Euro. Essen verschenken kommt aber nicht in Frage. »Essen hat einen Wert. Wenn etwas keinen Preis hat, greift jeder zu und schmeißt es dann einfach weg«, mahnt Sabine Werth.

In Berlin ist die Sozial-Unternehmerin eine der herausragenden Figuren im Non-Profit-Sektor. Kaum eine regionale Talkshow zu »neuer Armut« kommt mehr ohne sie aus. Im Schnitt berichtet die Berliner Presse einmal pro Woche über die Arbeit der Berliner Tafel. Kürzlich war das spanische Fernsehen für ein Interview da, das ukrainische hat sich gerade angemeldet. Immer neue Kooperationen leiert der Verein an, mal mit der Kirche, mal mit dem Rundfunk Berlin-Brandenburg. Der Entertainer Max Raabe sammelt Geld für die vereinsnahe Stiftung, die die Arbeit der Berliner Tafel langfristig finanziell absichern soll. Allein um neue Helfer mag Sabine Werth nicht mehr werben. »Einmal waren wir noch so unvorsichtig, und haben auf Plakaten signalisiert: Wir brauchen mehr Leute.« Die Telefonanlage der Geschäftsstelle brach für einige Tage zusammen.

Kultur der Anerkennung

Hunderte von Interessierte, die mitmachen wollen: Auch das ist ein Form der persönlichen Anerkennung. Nicht allen Initiativen wird so viel Zuspruch zuteil wie der Berliner Tafel, und es kann natürlich auch nicht allen gelingen, so viel mediale Aufmerksamkeit auf sich zu ziehen. Doch Anerkennung ist gerade da wichtig, wo sie nicht automatisch kommt. Politik und die Akteure der Bürgergesellschaft scheinen das erkannt zu haben. Der Begriff der »Anerkennungskultur« taucht in Reden und Artikeln zum Thema bürgerschaftliches Engagement immer öfter auf. Meist fehlt es dann an der Erklärung, was damit eigentlich gemeint ist: Wer gibt wem wann und in welcher Form Anerkennung? Alle Befragungen ergeben zwar, dass formale oder informelle Anerkennung nicht das Hauptmotiv von Menschen ist, sich für andere einzusetzen. Es dürfte das Gleiche gelten wie bei Stiftern. Bei empirischen Untersuchungen neigen Freiwillige dazu, diesen Aspekt herunterzuspielen. Im Freiwilligen-Survey 2004 kreuzen Freiwillige »mit hohem zeitlichen Engagement« auf der Skala von 1 bis 5 bei der Aussage »dass man für die Tätigkeit auch Anerkennung findet« den durchschnittlichen Wert von 3,4 an. Jeder, der mit Ehrenamtlern zu tun hat, weiß, dass die sichtbare Wertschätzung der Arbeit zu den wichtigsten Faktoren für Motivation gehört.

Unbestritten in Politik und Zivilgesellschaft ist, dass es bei der öffentlichen Anerkennung in Deutschland einige Defizite gibt. Eine Untersuchung des Bundestags von 2001 kommt zu dem Ergebnis: Rund die Hälfte der Freiwilligen und Ehrenamtlichen haben das Gefühl, dass Staat und Gesellschaft ihre Arbeit nicht ausreichend anerkennen. »Ich bin überzeugt, dass die Menschen früher nicht idealistischer waren und freiwillige Aufgaben auch nicht lieber übernommen haben als heute. Aber wenn man früher in einen Gemeinderat gewählt oder Vereinsvorsitzender wurde, dann war dies ein sozialer Aufstieg«, sagt der Bayer Alois Glück.

Aus vielen Gesprächen mit traditionellen Ehrenamtlern hat der Politiker herausgehört: »Wer heute eine feste Aufgabe im Vereinsleben übernimmt, fühlt sich eher als Fußabstreifer.« Glück animiert in seinen Reden in Bierzelten, Bildungseinrichtungen oder Unternehmensforen zu einem sehr einfachen Gedankenexperiment. Man stelle sich einmal vor, was in unserem Leben alles wegfiele, wenn es von heute auf morgen kein freiwilliges Engagement mehr gäbe. Sportverein weg, Stadtteil-Bibliothek zu, die Kirche kann ihre Suppenküche dichtmachen, sämtliche Selbsthilfegruppen gibt ist nicht mehr, Konzerte fast aller Chöre fallen flach, der Rettungsdienst leidet, der Erste-Hilfe-Kurs fällt aus, Dorfkirmes und Stadtfest gestrichen, die Leitungen der Telefonseelsorge sind plötzlich stumm, Hospize geschlossen, die Lawinenhunde blieben in der Hütte und so weiter. Die Mehrzahl der Vorstandswahlen geraten heute dennoch zur Zitterpartie, ob sich auch dieses Jahr wieder genug »Dumme« für alle notwendigen Funktionen finden. »Trotzdem halten wir es für selbstverständlich, dass dieses Engagement auch noch in zehn oder fünfzehn Jahren weiter besteht«, wundert sich Glück. Sein Fazit: »Wenn wir wollen, dass unsere Lebensqualität erhalten bleibt, müssen wir dem Ehrenamt wieder einen ganz anderen Stellenwert geben.«

Zunächst ist Anerkennung ein Problem der Organisationen, Vereine und Initiativen. Wer Freiwillige gewinnen und zu mehr Engagement motivieren will, muss angemessene Ausdrucksformen der Anerkennung finden. Denn Anerkennung ist für den Freiwilligen das, was für den Angestellten das Gehalt ist. Anerkennung kennt keine Grenzen, sondern ist eine Frage der Fantasie. Freiwilligenexperte Gerd Placke erinnert sich an ein Plakat für Freiwilligenorganisationen mit hundert verschiedenen Vorschlägen, Freiwilligen danke zu sagen. »Es schadet nicht, über die 101. nachzudenken«, meint Placke. Für die zwölf ehrenamtlichen Mitarbeiter der Freiwilligenagentur Bremen organisierte er einmal eine 90-minütige Führung mit Ex-Oberbürgermeister Henning Scherf durch das Bremer Rathaus. Scherf erzählte eine Anekdote nach der anderen – und die Freiwilligen erzählten noch fünf Jahre später von dem tollen Besuch bei dem sympathischen OB und den vielen Geschichtchen, die er auf Lager hatte.

Der überwiegende Teil der Freiwilligenarbeit wird in den Städten und Kommunen geleistet. Sie stehen deshalb besonders in der Pflicht, sich über zeitgemäße Formen der Anerkennung Gedanken zu machen. Einige Städte haben so genannte Bürgerpässe eingeführt. Wer sich engagiert, darf günstiger Bus fahren, ins Stadttheater oder ins Hallenbad. Wer freiwillig Zeit für andere gibt, sollte sich auch keine Gedanken um Versicherungsfragen während seines Freiwilligendienstes machen müssen. Einige Bundesländer haben Rahmenverträge mit Versicherungen geschlossen. Auch dies ist eine Form der Anerkennung, genau wie Fahrtkostenerstattung oder die Möglichkeit für Ehrenamtliche, an Fortbildungsmaßnahmen teilzunehmen. Bürgerpreise schaffen Aufmerksamkeit für Vorbilder. Viele Freiwillige haben auch den Eindruck, dass die Berichterstattung der Medien auf zivilgesellschaftliches Engagement etwas hintergründiger sein könnte. Jugendhäuser würden sich beispielsweise durchaus freuen, wenn über gelungene Integrationsprojekte berichtet würde und die Kamerateams sich nicht nur dann für türkische Jugendliche in Deutschland interessierten, wenn in Frankreich Autos brennen.

Firmen könnten ebenfalls stärker zu einer Anerkennungskultur beitragen. Mitarbeiter freizustellen – in Großbritannien und den USA unter dem Schlagwort »corporate volunteering« üblich – ist hierzulande angesichts deutlich kürzerer Arbeitszeiten wohl nicht in großem Stil sinnvoll. Seien wir ehrlich mit uns selbst: Wer gemäß Tarifvertrag arbeitet, hat durchaus noch Zeit zum Zeitspenden. Doch nach wie vor ist es leider in Deutschland unüblich, freiwilliges Engagement zu einem Kriterium der Personalauswahl zu machen. Es gibt Ausnahmen: Die Katholische Jugend in Augsburg hat zusammen mit Personalleitern größerer Unternehmen ihrer Region Bewerbungsbögen entwickelt, die gemeinschaftliches Engagement von Jugendlichen abfragen.

Das ist der richtige Ansatz. Noch besser wären Bonussysteme von Universitäten und Betrieben bei der Vergabe von Studien- und Ausbildungsplätzen. Der öffentliche Dienst könnte hier eine Vorreiterrolle spielen und zivilgesellschaftlichen Einsatz zu einem zusätzlichen Beförderungskriterium machen.

Orden und Ehrennadeln kommen vielen Menschen antiquiert vor. Sie haben einen Teil ihrer Symbolkraft verloren. »Das hängt auch damit zusammen, weil sie nach dem Matthäus-Prinzip vergeben werden«, ironisiert Ansgar Klein. Gib und dir wird gegeben, sagen sich die Bürgermeister und verleihen die Orden an diejenigen, die ihnen selbst die höchste Aufmerksamkeit verschafften, also am besten Prominente. Orden sind aber nicht dafür da, dass der sie verleihende Bürgermeister in die Zeitung kommt. Die formellen Auszeichnungen unseres Staates könnten wieder eine höhere Wertigkeit erlangen, wenn nicht immer die gleichen Personen oder Gruppen berücksichtigt würden. Warum muss ein Landrat nahezu automatisch das Bundesverdienstkreuz bekommen, wenn er aus dem Amt scheidet? Bei den Beamten des Bundespräsidialamtes hat diesbezüglich ein Umdenken bereits eingesetzt, was viele zivilgesellschaftliche Akteure des neuen Typs allerdings gar nicht interessiert. Fast niemand kommt überhaupt auf die Idee, den Vorsitzenden einer Aids-Initiative für das Bundesverdienstkreuz vorzuschlagen.

Materielle Anreize für die Freiwilligenarbeit sind ein zweischneidiges Schwert. Unkostenerstattung ist sicher legitim. Bei »Aufwandsentschädigungen« bewegen sich die Organisationen schnell auf dünnem Eis. Geld ist für Freiwillige in der Regel keine geeignete Form der Anerkennung. Im Gegenteil: Empirische Studien aus der Schweiz zeigen, dass monetäre Vergütungen freiwilliges Engagement eher hemmen. Dahinter steckt folgender psychologischer Mechanismus: Ein Ehrenamtlicher gibt Zeit, weil er dies für sinnvoll hält. Bekommt er für diese Zeit Geld, fängt er sich an zu fragen: Ist die Entlohnung von zum Beispiel fünf Euro pro Stunde überhaupt angemessen? Er wird meist zu dem Ergebnis kommen, dass sein Einsatz eigentlich mehr wert ist und sich frustriert zurückziehen. Erst ab einem relativ hohen Stundenlohn steigt das Engagement wieder über den Ausgangswert ohne Bezahlung. Dieser Stundenlohn entspricht in der Regel dem Lohn einer Fachkraft. Nur: Wer bereit ist, für »freiwilliges Engagement« Stundenlöhne von Fachkräften zu zahlen, muss nicht auf »Freiwillige« zurückgreifen.

Anerkennungskultur ist in erster Linie eine Kultur der Gesten und Symbole. Ihr wichtigstes Element ist der Ausdruck von Dankbarkeit. Alois Glück stellt Bürgern und Kommunal-Politikern zwei sehr einfache Fragen: »Wann haben Sie sich das letzte Mal für freiwilliges Engagement bedankt? Und wann haben Sie das letzte Mal Freiwillige aus irgendwelchen nichtigen Gründen kritisiert?«

Der ermöglichende Staat

Wer in Deutschland mehr Selbsthilfe der Bürger fordert, steht in Diskussionen schnell in einer Ecke, in der er meist gar nicht stehen möchte: Ein Neoliberaler zu sein, der »den Staat aus seiner Verantwortung entlassen möchte« und sich im Zweifelsfall wohl auch noch »amerikanische Verhältnisse« wünsche. Dabei schwingt immer die Angst mit: Wenn Bürger sich freiwillig und erfolgreich für soziale Aufgaben einsetzten, werden staatlich garantierte Rechte schnell zu einer Frage privater – und damit willkürlicher – Wohlfahrt ohne Rechtsanspruch degradiert. Als ob das eine zwangsweise aus dem anderen folgen müsste. Gleichzeitig wird in der öffentlichen Diskussion ein interessanter Widerspruch sichtbar. Zwar rutscht das Vertrauen in die Handlungsfähigkeit der Politik von einem historischen Tiefstand zum nächsten. Und dennoch scheinen viele Menschen nach wie vor davon überzeugt zu sein, der Staat könne alles und jedes besser regeln als Bürger in Eigeninitiative. Es ist an der Zeit, dass wir uns wieder etwas grundsätzlicher Gedanken über das Verhältnis von Staat und Bürger machen. Bei nüchterner Betrachtung wird leicht erkennbar: Weder der Neoliberalismus mit seinem blinden Marktvertrauen noch die Staatsgläubigkeit der linken und rechten Etatisten bieten Antworten auf die Frage, wie wir unser Gemeinwesen unter den Bedingungen der Massenarbeitslosigkeit, maroder Sozialversicherungssysteme und bankrotter öffentlicher Haushalte neu aufstellen können. Die Zivilgesellschaft wurde bei dieser Diskussion bislang weitgehend ausgeblendet. Die »dritte Kraft« Zivilgesellschaft wird nach wie vor eher als etwas »Nettes«, denn als etwas »Wichtiges« wahrgenommen. Noch traut es sich die Bürgergesellschaft offenbar nicht zu, der energetische Kern zu sein, von dem eine Revitalisierung unseres blockierten Gemeinwesens ausgehen kann.

»Im sozialen Bereich bedeutet Bürgergesellschaft auch die Abkehr von der Idee einer sozialstaatlichen Rundumversorgung. Es gilt, die Eigenverantwortung der leistungsfähigen Bürger und die Verantwortung nicht-staatlicher gemeinnütziger Assoziationen zu stärken, die selbst verwaltet und nicht gewinnorientiert arbeiten«, glaubt die Speyerer Sozialwissenschaftlerin Marga Pröhl. Damit hat sie ohne Zweifel Recht. Gleichwohl ist eine Ergänzung nötig. Die Zivilgesellschaft darf nicht als bloßer Ausfallbürge für Leistungen herhalten, die sich der Staat nicht mehr leisten kann. Unter diesen Vorzeichen werden Bürger kaum Lust verspüren, sich stärker zu engagieren. Wer sich eine vitale Zivilgesellschaft wünscht, darf über sie nicht ausschließlich in haushaltspolitischen Kategorien reden, sondern muss darüber nachdenken, was Bürger unter welchen Rahmenbedingungen fähig sind, für die Gemeinschaft zu leisten. CSU-Mann Alois Glück spricht in diesem Zusammenhang von einer neuen »Verantwortungsgemeinschaft von Bürger und Staat«. Ihm geht es dabei nicht um eine »Entstaatlichung um jeden Preis«, sondern um eine Neuordnung der Aufgaben des Staates – aber eben auch der Bürger.

Der Sozialdemokrat Michael Bürsch liegt inhaltlich nicht weit davon entfernt: »Es geht nicht um mehr Staat oder weniger Staat, sondern das Verhältnis zielt auf einen aktivierenden und ermöglichenden Staat, der den Rahmen für eine jeweilige angemessene Mischung von bürgerschaftlichem Engagement und staatlicher Unterstützung schafft.« Mit anderen Worten: Es geht nicht um einen Rückzug des Staates. Er bleibt in der Gewährleistungspflicht sozialer Rechte, wie es im Grundgesetz festgeschrieben ist. Was wir brauchen, ist ein Funktionswandel. Staat und Zivilgesellschaft müssen begreifen, dass sie sich wechselseitig stärken können. Das hört sich abstrakt an. Konkrete Beispiele sind jedoch leicht zu finden. Die staatliche Institution Schule muss sich öffnen für das Engagement der Eltern, der Jugendverbände oder wen auch immer, der Schülern interessante und gemeinwohlorientierte Angebote machen kann. Von einer Zusammenarbeit werden alle Seiten profitieren. Viele Möglichkeiten für Koproduktionen bieten auch die Bereiche Gesundheit, Altenpflege und Wohnumfeldentwicklung. Im Sinne des skizzierten Wertewandels zu einem höheren Bedarf an Mitbestimmung bedeutet das natürlich, dass sich die institutionellen Abläufe in Kindergärten, Schulen, Krankenhäusern oder Seniorenheimen oft grundlegend ändern müssen.

Öffnung ist das Gebot der Stunde. Gleiches gilt für die Rückbesinnung auf ein Prinzip, auf das unser Gemeinwesen eigentlich aufgebaut ist: die Subsidiarität. Der Vorrang des Individuums und der kleinen Einheiten vor der zentralistischen Lösung ist in der Sozialgesetzgebung festgeschrieben. Diese Rangfolge ist in vier Jahrzehnten Zuwachs an Wohlfahrtsbürokratie aus dem Blick geraten. Umgekehrt sind auch Engagierte nicht frei von einer allzu hohen Anspruchshaltung an den »ermöglichenden Staat«. Viele Freiwilligenverbände und ihre Mitglieder haben große Erwartungen an eine Verbesserung der gesetzlichen und finanziellen Rahmenbedingungen für Ehrenamt und Freiwilligenarbeit. Doch ihre Forderungen unterliegen ebenfalls einem

Paradox. Zivilgesellschaft entfaltet sich zwar in Zusammenarbeit mit Markt und Staat – aber eben auch in der freiheitlichen Abgrenzung von beidem. Wer immer nach staatlicher Finanzierung von Engagement ruft, bleibt abhängig und geregelt. Bürgerschaftliches Engagement braucht keine lückenlose Absicherung gegen alle Eventualitäten und schon gar keine weitere Verrechtlichung. Staatliche Hilfe kann in vielen Fällen bedeuten, dass sich der Staat endlich einmal heraushält. Gefragt ist vor allem das, was die Eheleute aus Mittelhessen nutzten, um dem Mädchen aus Russland zu helfen: Kreativität.

8. Die neue Bürgerlichkeit – Bürgerstiftungen schaffen finanzielle Unabhängigkeit

Auf lange Sicht trifft der Mensch die Ziele,
die er im Visier hat. Er tut deshalb gut daran –
auch wenn er anfangs scheitern könnte –
sich hohe Ziele zu stecken.

Henry David Thoreau

Das ganze Hochhaus

Christian Pfeiffer war überrascht. Auf einer Forschungsreise im Jahr 1995 nach New York schaute sich der deutsche Kriminologe eine Reihe wissenschaftlicher und sozialer Projekte aus dem Themenumfeld Gewalt an. Drogen und Straßenkriminalität, häusliche Gewalt, Gewaltprävention an Schulen usw. Wo immer er mit seinen Fragen vorstellig wurde: Auf der Liste der Finanziers dieser Projekte stand der *New York Community Trust* ganz oben. Den Namen der Förderinstitution hatte Pfeiffer noch nie zuvor gehört. Ein amerikanischer Kollege klärte auf: Der Trust ist eine Stiftung der Bürger von New York, die sich um die Zukunft unserer Stadt sorgen. Bürger, Stadt und Stiftung? Der Hannoveraner Pfeiffer wurde hellhörig. Er ließ sich bei der Bürgerstiftung einen Termin geben, stand vor einem Büro-Hochhaus und fragte sich, in welcher Etage der *Community Trust* wohl sitze. Diesmal klärte der Pförtner auf: »Das Gebäude ist die Stiftung.« In diesem Moment war Pfeiffer klar, was für eine finanzielle Kraft aus mehreren Jahrzehnten bürgerschaftlicher Initiative entstehen kann, wenn man sie richtig organisiert. Zu Hause besorgte er sich Literatur über Idee, Geschichte und Rechtsform der *Community Foundations* und kam schnell zu dem Ergebnis: So etwas müsste in Hannover eigentlich auch möglich sein.

Der Professor der Kriminalwissenschaften überredete drei Freunde zu einem ersten Brainstorming in seinem Wohnzimmer. Beim nächsten Treffen sollte jeder einen potenziellen Bürgerstifter mitbringen. Beim dritten Mal trafen sich bereits 16 Leute in Pfeiffers Institut und entschieden, an die Presse zu gehen. 100 000 Mark Stiftungskapital von 31 Stiftern waren daraufhin schnell beisammen, und die Bezirksregierung von Hannover stand vor der Aufgabe, das rechtliche Genehmigungsverfahren für eine in Deutschland bis dato völlig unbekannte Stiftungsform durchzuführen. Die niedersächsischen Finanzbeamten taten sich etwas schwer. In Gütersloh war man fixer. Pfeiffer hatte Reinhard Mohn am Rande einer Tagung von seiner Idee erzählt. Der heimatverbundene Unternehmer entschloss sich daraufhin kurzerhand, zwei Millionen Mark Anschubfinanzierung für die »Stadtstiftung Gütersloh« zur Verfügung zu stellen. Am 29. November 1996 wurde in Gütersloh die erste deutsche Bürgerstiftung gegründet. Hannover zog wenig später als erste Bürgerstiftung ohne großen Mäzen im Hintergrund nach. Das war der Auftakt eines Gründerbooms.

In den ersten Jahren nach dem Startschuss folgten die Zahlen neu gegründeter Bürgerstiftungen dem Prinzip des Hannoveraner Gründerzirkels – jährliche Verdoppelung. Seit 2002 kamen jeweils zwischen 25 und 30 neue Stiftungen hinzu. Je nach Definition – der Begriff »Bürgerstiftung« ist juristisch nicht geschützt – gab es Ende 2005 zwischen 100 und 120 Bürgerstiftungen in Deutschland. Sie verfügten über ein Stiftungsvermögen von insgesamt mehr als 40 Millionen Euro. Im Vergleich zu den USA scheint das auf den ersten Blick nicht viel. Der *New York Community Trust* verwaltet allein zwei Milliarden Dollar und die rund 700 Bürgerstiftungen zusammen über 40 Milliarden. Der entscheidende Unterschied ist jedoch: In den USA wurde die erste Bürgerstiftung 1914 gegründet. Die *Community Foundations* hatten also über 90 Jahre Zeit, Kapital zu sammeln. Heute ernten sie mit hohen Erträgen die Früchte eines Modells, das auf Zukunft und Nachhaltigkeit setzt. Bemerkenswert in Deutschland ist jedoch die Dynamik der Entwicklung. »In keinem anderen Land der Welt wachsen Zahl und Vermögen der Bürgerstiftungen so rasant wie bei uns«, freut sich Katrin Sachs von der Beratungsstelle »Initiative Bürgerstiftungen« und fügt optimistisch hinzu: »Und dabei haben viele Bürger von unserem Modell noch nie etwas gehört. Wir haben also ein Riesenpotenzial!« Ideenimporteur Christian Pfeiffer hat vorsorglich ein ambitioniertes Ziel ausgerufen. In zehn Jahren, so hofft der Wissenschaftler, wird es in Deutschland 500 Bürgerstiftungen mit durchschnittlich zwei Millionen Euro Kapital geben. Damit wäre dann die Schallmauer von einer Milliarde Gesamtkapital erreicht.

Was ist eine Bürgerstiftung? Die kürzeste Antwort lautet: Stiftungen von Bürgern für Bürger, die bezogen auf eine Stadt oder eine Region wirken. Wie alle Stiftungen müssen sie einen bestimmten Zweck definieren, dem sie dienen wollen. Bei Bürgerstiftungen bietet es sich an, diesen Zweck nicht zu eng zu fassen. Es besteht sonst die Gefahr, dass nur ein kleiner Teil der Bürgerschaft einer Stadt oder Region für die Stiftung zu gewinnen ist. Wie angedeutet, gibt es noch leichte Unschärfen, welche Gemeinschaftsstiftungen den Titel »Bürgerstiftung« tragen sollten. Umstritten ist, ob einige »Bürgerstiftungen« von Genossenschaftsbanken, Sparkassen oder einzelnen Stiftern so stark dominiert werden, dass sie dem Anspruch auf breite Einbeziehung der Bürgerschaft gerecht werden – so honorig ihr Wirken auch sein mag. Kritiker fürchten, dass Unternehmensstiftungen mit »Bürgerstiftung« im Namenszug das Konzept verwässern und damit die Wachstumschancen der »echten« Bürgerstiftungen hemmen könnten. Der Selbstfindungsprozess wird wohl noch ein wenig andauern. Konsensfähig hingegen scheint mittlerweile die Definition der »Initiative Bürgerstiftungen«:

»Eine Bürgerstiftung ist

- eine selbstständige und unabhängige Institution,
- zur Förderung verschiedener gemeinnütziger und mildtätiger Zwecke,
- in einem geographisch begrenzten, d.h. lokalen oder regionalen Wirkungsraum,
- die einen langfristigen Vermögensaufbau betreibt und
- ihre Organisationsstruktur und Mittelvergabe transparent macht.

Das Ziel einer Bürgerstiftung ist es, einer größeren Zahl von Bürgerinnen und Bürgern sowie Unternehmen *(Corporate Citizens)* zu ermöglichen, ihre spezifischen Beiträge zum Gemeinwohl unter einem gemeinsamen Dach zu verfolgen. Sie dient dabei als ein Sammelbecken für Spenden und Zustiftungen. Der langfristige Aufbau des Stiftungsvermögens durch Zustiftungen sichert die finanzielle Unabhängigkeit einer Bürgerstiftung und gewährleistet die Kontinuität der Stiftungsarbeit. Erfolgreich arbeitende Bürgerstiftungen übernehmen für ihre Stifter und Spender eine Dienstleistungsfunktion. Sie bieten Serviceleistungen an, die auf die jeweiligen philanthropischen Interessen dieser Personen, Organisationen oder Institutionen zugeschnitten sind.« Der Arbeitskreis Bürgerstiftungen im Bundesverband Deutscher Stiftungen hat – angelehnt an diese Definition – eine Liste von zehn Kriterien definiert, nach denen er ein »Gütesiegel« vergibt, das heute rund zwei Drittel aller Bürgerstiftungen in Deutschland tragen. Unter ihnen gehört die Bürgerstiftung Wiesbaden zu den Schnellstartern. Erst 2003 gegründet, hat sie binnen zwei Jahren rund eine Million Euro Kapital einwerben können. Einen großen Anteil hieran hat ein Wiesbadener Einzelhändler.

Die erste Million ist immer die schwerste

Thomas Michel führt in vierter Generation ein Teppichgeschäft in der hessischen Landeshauptstadt. »Irgendwie hatte ich den Wunsch, meiner Stadt etwas zurückzugeben«, erzählt der 51-Jährige in bester Laune. Im Vorstand des Wiesbadener Kur- und Verkehrsvereins gab er zwar auch schon vorher zurück, indem er bei den örtlichen Unternehmen Spenden einsammelte. Doch die musste der Verein gemäß dem Gemeinnützigkeitsrecht zeitnah wieder ausgeben. »Einwerben, ausgeben, einwerben, ausgeben – das war doch ein wenig ermüdend.« Das Modell Bürgerstiftung erschien ihm als Weg aus der Fundraising-Tretmühle. Mit zwei Gleichgesinnten machte Michel sich auf die Suche nach Gründungsstiftern. Ein halbes Jahr später hatten 21 Wiesbadener Bürger 200 000 Euro zusammen und eine Satzung formuliert, die viel Raum für breite Unterstützung zulässt: Stadtgeschichte, Wissenschaft und Forschung, Bildung, Erziehung und Sport, Kunst und Kultur, Völkerverständigung, Umwelt- und Naturschutz, Landschafts- und Denkmalpflege, Jugend- und Altenhilfe, Gesundheitswesen und traditionelles Brauchtum, all das darf die Wiesbadener Bürgerstiftung fördern. Wie bei vielen Bürgerstiftungen liegt ein wichtiger Schwerpunkt der Arbeit bei Jugend- und Bildungsförderung.

Die Stiftung unterstützt zusammen mit einem örtlichen Autohaus begabte Zuwandererkinder mit Stipendien, die ihnen den Weg zum Abitur ebnen sollen. Wiesbadener Architekturstudenten bekommen Förderung für Entwürfe zum Umbau eines historischen Kulturzentrums. Viel Aufmerksamkeit hat ein Schülerpreis gegen die Pisa-Misere auf sich gezogen. Leonardo-Award heißt der, mit ZDF-Moderator Wolf von Lojewski als »Paten«. Schüler der Klassen acht bis dreizehn sollen in kleinen Gruppen ein Projekt ihrer Wahl auf die Beine stellen und können dieses dann in acht Kategorien – von Kunst über Musik, Soziales bis hin zu Wissen – für den Leonardo-Preis einreichen. Zu gewinnen gibt es 2000 Euro für die Gruppe und noch mal 2000 Euro für die Schule. Das scheint zu motivieren. Beim ersten Leonardo haben 700 Schüler von 22 Schulen 147 Arbeiten ins Rennen geschickt. Dabei will die Stiftung die Schüler ganz bewusst in eine Wettbewerbssituation bringen. Thomas Michel, selbst dreifacher Vater, ist sich sicher: »Unsere Schüler sind nicht so schlecht wie immer behauptet.« Aber Konkurrenz belebe nun mal das Geschäft. »Wenn eine Schülertheatergruppe für eine herausragende Aufführung geehrt wird, sollen sich andere ruhig fragen: Warum haben wir eigentlich keine Theater-AG?« Doch die Stiftung konzentriert sich nicht nur auf die Jugend. Mit ihren Mitteln werden eine historische Verkehrsinsel restauriert, Senioren zu Bach-Konzerten begleitet oder das Theater ins Seniorenheim verfrachtet. Und auch der Kunstsommer im Kurpark profitiert finanziell und ideell. »Wenn wir das nicht machen, macht es keiner«, glaubt Michel. »Mehrwert für die Kommune schaffen«, darin sieht der Wiesbadener die Hauptaufgabe der Stiftung und den großen Vorteil der Institution Bürgerstiftung. Weil sie lokal begrenzt wirkt, sind Erfolge oft besser sichtbar als bei Stiftungen mit nationalem oder gar internationalem Wirkungsbereich und abstrakteren Stiftungszwecken. Doch wer Mehrwert schaffen will, braucht auch mehr Geld. Und hier stehen die jungen deutschen Bürgerstiftungen vor einem Start-up-Problem. Die erste Million ist bekanntlich immer die schwerste.

Die *Community Foundations* in Nordamerika sind traditionell fördernde Stiftungen. Das heißt, sie führen keine eigenen Projekte durch, sondern konzentrieren sich darauf, Kapital zu sammeln und mit den Erträgen Projekte in ihrer Stadt zu fördern, die ihnen als besonders sinnvoll erscheinen. In der Startphase ist das jedoch kaum möglich. Denn wer gibt schon gern Geld für eine Institution, die es noch nicht gibt? Bürgerstiftungen ohne kapitalkräftigen Initiator – so genannte »bottom-up-Gründungen« – bringen in der Regel erst einmal eigene Projekte zum Laufen, um auf sich aufmerksam zu machen und zu beweisen: Unsere Bürgerstiftung funktioniert. Das ist im Einzelfall natürlich sinnvoll, um Vertrauen bei neuen Zustiftern zu finden. Doch vor lauter Freude an der Projektarbeit haben die Bürgerstifter dann oft kaum noch Zeit, sich um die Kapitalakquise zu kümmern und werben eher um Spenden, mit denen sie dann die eigenen Projekte durchführen können. Dies ist jedoch eigentlich die klassische Form der Vereins- oder Initiativenarbeit. Die Rechtsform Stiftung ist aber nur dann zweckmäßig, wenn genug Stiftungskapital zusammengekommen ist, um anständige Kapitalerträge zu erzielen. Stefan Nährlich, Geschäftsführer der von den Raiffeisenbanken finanzierten Beratungsstelle für Bürgerstiftungen »Aktive Bürgerschaft e.V.« hält einen Kapitalstock von fünf Millionen Euro für »die Summe, ab der die Sache wirklich Sinn macht«. Die größten deutschen Bürgerstiftungen, darunter die in München, Hamburg, Stuttgart, Hannover und Gütersloh, sind auf einem guten Weg, diese Messlatte bald zu überspringen. Viele kleine Stiftungen, besonders in Ostdeutschland, krebsen hingegen mit wenig mehr als dem Mindestgründungsbetrag von 50 000 Euro herum. Bei einer durchschnittlichen Kapitalrendite von 3 Prozent bleiben abzüglich der Verwaltungskosten dann um die 1000 Euro für Förderung übrig. Das lohnt den Aufwand nicht, sondern bindet eher Ressourcen.

Bei der Akquise von Kapital sind gute Ideen gefragt, und viele Stiftungen setzen erfolgreich auf öffentlichkeitswirksame Aktionen, bei denen das Kleinvieh den Mist macht. 265 ehrenamtliche Helfer der Bürgerstiftung Braunschweig organisierten im Mai 2005 an 1000 Biertischen den größten Brunch der Stadtgeschichte. 8000 Gäste brachten inklusive einer Lotterie schließlich auf einen Schlag 50 000 Euro in die Stiftungskasse – und ein Luftbild des Riesenfestes eine Riesenaufmerksamkeit. Ostdeutsche Bürgerstiftungen lernen von israelischen Organisationen und entdecken das so genannte »Diaspora-Giving« – also das Werben um Spenden unter Menschen, die in der Ferne wirtschaftlich erfolgreich sind, sich ihrer alten Heimat aber weiter verbunden fühlen. Einige Bürgerstiftungen sind sehr erfolgreich, finanzkräftige Bürger für treuhänderische Stiftungen oder Fonds unter ihrem Dach zu gewinnen. Diese Fonds, ob zweckgebunden oder zur freien Verwendung der Bürgerstiftung, tragen dann meistens auch den Namen des Stifters bzw. Spenders. Große Hoffnungen setzen auch die Bürgerstiftungen – wie fast alle gemeinnützigen Organisationen – auf die Erbschaftswelle. Offenbar zu Recht. Die noch junge Praxis zeigt, dass gerade Erblasser mit mittleren Vermögen die Möglichkeit entdeckt haben, Bürgerstiftungen als Begünstigte einzusetzen. Besonders für kleine Bürgerstiftungen können Erbschaften echte Quantensprünge bedeuten. So für die Bürgerstiftung Steingaden. Die bayerische Gemeinde mit der berühmten Wieskirche in der Nähe von Schloss Neuschwanstein hatte mit ihrer 850-Jahr-Feier rund 200 000 Euro Überschuss erwirtschaftet und diese in eine Bürgerstiftung investiert. Eine einzige Erbschaft eines Bürgers, der im Ort nicht einmal als vermögend galt, katapultierte das Stiftungsvermögen auf nahezu eine Million Euro. Pro Kopf dürfte die Steingadener Bürgerstiftung jetzt die reichste in Deutschland sein – und ein mächtiger Faktor im Gemeindewesen. Steingaden hat nämlich nur 2800 Einwohner.

Monokulturen verkümmern

Was machen die erfolgreichen Bürgerstiftungen richtig? Was die erfolglosen falsch? Zunächst einmal sind die Startvoraussetzungen in Deutschland sehr ungleich. Es mag so nahe liegen, wie ungerecht sein: In wirtschaftlich starken Regionen fällt es leichter, eine prosperierende Bürgerstiftung aufzubauen als in ärmeren Gegenden, in denen die Zivilgesellschaft Finanzspritzen besonders nötig hat. Unter den Flächenländern sind Niedersachsen, Nordrhein-Westfalen und Baden-Württemberg besonders fruchtbarer Boden für Bürgerstiftungen. Überall entscheidend für den Erfolg ist es, von den alten und neuen Eliten einer Stadt möglichst viele für sich zu gewinnen. Für Beraterin Katrin Sachs sieht das ideale Gründungsteam ungefähr so aus: »Da gehört der Sparkassenmops für die Finanzen rein, am besten noch mit einem Steuerberater an seiner Seite. Dann brauchen wir den Oberöko der Stadt und den Ober-Sozpäd, die Ahnung von Projekten haben, den Pfarrer, den Schuldirektor um Eltern anzusprechen und einen von der IHK mit Kontakten zu den Unternehmen. Dazu noch einen Journalisten und einen von einer Werbeagentur, die ordentlich Bambule in der Öffentlichkeitsarbeit machen.« Wie in der Natur gedeihen Monokulturen in der Regel nicht, sondern verkümmern. Will der größte Fisch am Ort eine Bürgerstiftung mit Geld und Stimmrechten beherrschen, machen die anderen nicht mehr mit. Eine Einzelstiftung ist da der bessere Weg.

Bürgerstiftungen leben von Netzwerken, nicht von einer charismatischen Figur. Die gebildeten Mittel- und finanzkräftigen Oberschichten dominieren zurzeit die deutschen Bürgerstiftungen. Nach einer Stichproben-Erhebung des Maecenata Instituts haben mehr als drei Viertel der »leitenden Persönlichkeiten« der Bürgerstiftungen einen Hochschulabschluss. Diese tun sich dennoch keinen Gefallen, wenn sie die Bürger ohne Diplom, Magister oder Staatsexamen in der Ansprache ausschließen. Das Modell Bürgerstiftung steht im Vergleich zu Rotary- oder Lions-

Clubs oder berufsständisch organisierten Initiativen auf breiteren Füßen. Viele Bürgerstifter schätzen es gerade, dass sie bei der Stiftungsarbeit auf Menschen stoßen, die nicht den eigenen Zirkeln angehören – und man eben nicht nur mit seinesgleichen die immer gleichen Ideen austauscht. Ein Negativbeispiel ist für den Bürgerstiftungsexperten des Maecenata Instituts, Philipp Hoelscher, die Bürgerstiftung Berlin: »Da gibt es keinen einzigen Ostberliner drin.« Weitgehend unbeachtet dümpeln die Westberliner Honoratioren mit wenig Kapital und ein paar Baumpflanzaktionen vor sich hin und haben kürzlich auch noch Konkurrenz von der stadtbezirksbezogenen Bürgerstiftung Neukölln bekommen.

Gut geht anders und oft so: Einem Team mit einem oder mehreren Juristen, Finanzexperten, Öffentlichkeitsarbeitern, Networkern und einem Moderator (gerne der Pfarrer) gelingt es schnell, deutlich mehr als 50 000 Euro Gründungskapital zusammenzubringen. Sie stoßen ein erstes Projekt an, das eine zivilgesellschaftliche Lücke in der Stadt besetzt, um die sich vorher in der Tat noch niemand gekümmert hat, zum Beispiel eine Initiative gegen Schulschwänzer. Wichtig ist das Signal: Wie bieten einen Zusatznutzen, denn etablierte Vereine oder gemeinnützige Organisationen nehmen Bürgerstiftungen erfahrungsgemäß erst einmal als potenzielle Konkurrenten um öffentliche Zuschüsse oder Spenden wahr – und nicht als potenzielle Förderer. Machen sie Stimmung gegen die Bürgerstiftung, droht die Neugründung zum Rohrkrepierer zu werden. Christian Pfeiffer empfiehlt zudem, den Mindestbetrag für Zustiftungen nicht zu niedrig anzusetzen, also gerade nicht die Strategie zu fahren: Jeder Betrag, und sei er noch klein, hilft. 500, besser 1000 Euro Minimum geben zu verstehen, dass es dem Bürger etwas wert sein muss, zum Stifterkreis zu gehören und das hier keine Veranstaltung für Knicker auf der Suche nach günstig zu erwerbendem Sozialprestige ist. Dann kommt auch das örtliche Rote Kreuz nicht auf die Idee, die Bürgerstiftung fische in ihrem Gewässer der 20- oder 50-Euro-Spenden und macht keine Stimmung gegen die neue Institution.

Gelingt es der Bürgerstiftung, das Kapital zu erhöhen, sollte sie sich schrittweise aus der eigenen Projektarbeit zurückziehen oder diese zumindest stark einschränken. Dieser Trend zeichnet sich bei der Mehrzahl der deutschen Bürgerstiftungen bereits ab. Elementar für den Erfolg ist es, darüber sind sich alle Berater einig, ganz im Sinne professionellen Fundraisings die Beziehungen zu den Bürgerstiftern systematisch zu pflegen. US-Amerikaner nennen das *donor services.* Hierzu gehören regelmäßige Informationen über die Arbeit der Stiftung wie Einladungen zu interessanten Veranstaltungen. »Das darf auch ruhig mal ein Golf-Turnier mit Hans-Dietrich Genscher sein«, regt Aktivbürgerschaftler Stefan Nährlich an. Im Nachsatz rät er zu »einer möglichst hohen Greenfee«.

Jenseits der Staatskasse

Das finanzielle Schicksal der Stadt Schwäbisch-Hall ist ein recht exaktes Abbild der jüngeren Finanzgeschichte der Bundesrepublik – nur auf etwas höherem Niveau. »Eine Vollbremsung von 180 auf null« nennt es Roland Vogelmann, Mitgründer der dortigen Bürgerstiftung und Bereichsleiter Politik und Gesellschaft der Bausparkasse, die den Namen der Stadt trägt. Vier Jahrzehnte lang war Schwäbisch-Hall die reichste Kommune im reichen Baden-Württemberg. Keine Schule ohne Computerraum mit neuestem Software-Update. Kein Fachwerkhaus im historischen Stadtkern, das für den anspruchsvollsten Denkmalschützer keine Augenweide gewesen wäre. Und die Stadtgärtnerei mähte freundlicherweise den Sportvereinen den Platzrasen. Kostenlos, versteht sich. Auf die Gewerbesteuereinnahmen der Bausparkasse Schwäbisch-Hall konnte der Stadtkämmerer immer bauen. Zwischen 30 und 50 Millionen Euro lieferte der Dukatenesel des hübschen Städtchens im Hohenlohischen jährlich ab. Bis 2001.

Dass in dem Jahr der Neue Markt zusammenbrach, war für die meisten der 35 000 Haller ohne größere Bedeutung. Doch zeitgleich fusionierten in Frankfurt die genossenschaftlichen DG- und GZ-Banken zur DZ Bank. Dummerweise wurden jetzt die Gewinne der Bausparkasse in der Konzernstruktur mit den Verlusten defizitärer Genossenschaftsbanken verrechnet. Über Nacht zahlte die Bausparkasse Schwäbisch-Hall keinen Cent Gewerbesteuer mehr. Der Oberbürgermeister verordnete der Stadtverwaltung ein radikales Sparprogramm und war gezwungen, von dem reichlich vorhandenen Tafelsilber das ein oder andere Stück zu Geld zu machen. »Doch auch wir als Unternehmen und die Haller Bürger, von denen ja viele bei uns arbeiten, waren gezwungen, radikal umzudenken«, erinnert sich Vogelmann. Als Zeichen des guten Willens – der Bereichsleiter Politik und Gesellschaft würde sagen »Zeichen gesellschaftlicher Verantwortung« – stellte die Bausparkasse 2002 eine halbe Million Euro Gründungskapital für eine Bürgerstiftung zu Verfügung und schießt seitdem jährlich einiges an Spenden hinzu. Bürger und eine Unterstiftung der evangelischen Kirche Schwäbisch-Hall haben das Kapital inzwischen verdoppelt. Mit Spenden und Stiftungserträgen kann die Stiftung damit jährlich rund 100 000 Euro an Projekte im Bereich Jugend und Bildung ausschütten. »Natürlich kann die Bürgerstiftung nicht für alles einspringen, was früher die Kommune freiwillig übernommen hat«, sagt Vogelmann. »Aber sie bedeutet ein Stück Freiraum und finanzielle Unabhängigkeit der Bürgerschaft.«

Ein Stück finanzielle Unabhängigkeit – vielleicht liegt hierin der eigentliche Charme des Modells Bürgerstiftung. Traditionell läuft bürgerschaftliches Engagement in der Bundesrepublik nach folgenden Regeln: Eine Gruppe von Bürgern identifiziert ein gesellschaftliches Defizit, rennt dann zur Lokalzeitung und macht öffentlich Druck auf die Lokalpolitik. Die soll das Problem dann entweder selbst lösen, oder zumindest der Bürgerinitiative Geld in die Hand geben, mit dem diese dann tätig werden kann. Eine international vergleichende Studie der *Johns Hopkins University* zeigt: In Deutschland übernimmt der Staat 64 Prozent der Finanzierung des gemeinnützigen Engagements. In den anderen westeuropäischen Ländern sind es durchschnittlich 55 Prozent, international lediglich 40 Prozent. Spenden und Stiftungsmittel tragen hierzulande nur zu 3,4 Prozent zur Finanzierung bei, im westeuropäischen Durchschnitt sind es 7,2 Prozent, international sogar 10,5 Prozent. Die übrigen Einnahmen stammen aus Gebühren für Kosten- und Leistungserstattungen. Die deutschen Vereine hängen am Tropf des Staates. Deshalb werden sie auch von der Krise des Staates erfasst. Bürgerstiftungen sind eine gesellschaftliche Reaktion hierauf und auch ein Form der Rückeroberung öffentlichen Raums in Krisenzeiten. Sie sind ein Signal der Bürger an die Politik: Wir lassen uns nicht alles aus der Hand nehmen! Und wir haben damit auch wieder die freie Entscheidung, wofür unser Geld eingesetzt werden soll.

»Die neuen Bürgereliten wissen, dass mehr nötig ist als wählen gehen und Steuern zahlen«, sagt Christian Pfeiffer. Auf den vielen Vortragsveranstaltungen vor interessierten oder bereits engagierten Bürgerstiftern stößt er dabei immer wieder auf einen Ideenreichtum, den er in der Politik vermisst. »Wenn ich die Qualität der Diskussionen mit Bürgern mit Gesprächen mit Parteipolitikern vergleiche, dann ist es überhaupt keine Frage, wo die klügeren Köpfe sitzen. Gewiss nicht in den Parteien«, stichelt der Kriminologe. Das Verhältnis von Politik und Bürgerstiftungen war von Beginn an schwierig. Die Politik und die anhängende Verwaltung können in der Gründungsphase hindern oder fördern. Immer wieder sehen Bürgermeister ihre Kompetenzen in Gefahr. Die meisten erkennen jedoch die Chancen, die Bürgerstiftungen einer Stadt bieten können. Die Stadt Stuttgart legte nach der dortigen Gründung zweimal einen Matching Fund in Höhe von 500 000 Euro auf, verdoppelte also die erste Million privat eingeworbenes Kapital. Und die Geschäftstelle der neuen Bürgerstiftung bekam übergangsweise im Rathaus ein kleines

Zimmer samt Kommunikationstechnik zur freien Nutzung. Oberbürgermeister Wolfgang Schuster aber war klug genug, sich nicht in den Vorstand wählen zu lassen. »Bürgermeister können von mir aus Schirmherrschaften übernehmen, aber die Stiftungsarbeit muss Sache der Bürger sein«, warnt Nikolaus Turner, Sprecher des Arbeitskreises Bürgerstiftungen im Bundesverband Deutscher Stiftungen. Ansonsten drohe Akzeptanzverlust. Die Gefahr der Vereinnahmung besteht durchaus, denn Politiker haben die Popularität entdeckt und versuchen immer wieder, auf den rollenden Zug aufzuspringen. In Sachsen-Anhalt hielt es ein Landesvorstandsmitglied der CDU für eine gute Idee, auch das Amt des Bürgerstiftungsvorsitzenden von Magdeburg anzustreben. Er wurde rechtzeitig gestoppt. Im Idealfall haben neue Bürgerstiftungen kommunale Finanzspritzen nicht nötig. Doch vor dem Hintergrund der schwierigen Kapitalakquise raten die meisten Experten: Zuschüsse der Politik mitnehmen, aber niemals um den Preis politischer Einflussnahme auf die Stiftungsgremien. Der Stadtkämmerer hat im Vorstand nichts zu suchen und mag die Stadt noch so viel dazugeben.

Geld kommt zu Geld

Bürgerstiftungen sind Ausdruck einer neuen Bürgerlichkeit. Zehn Jahre nach der Gründung der ersten Bürgerstiftung in Deutschland fällt eine Zwischenbilanz ermutigend, aber nicht unbeschwert aus. Optimistisch stimmen zweistellige Wachstumsraten und viele Fallbeispiele, bei denen alles wunderbar läuft. Neue Bürgerstiftungen entstehen oft in den Nachbarstädten dieser Leuchttürme. Das Geben mit sichtbaren Erfolgen wirkt auch bei Bürgerstiftern ansteckend. Nachdenklich stimmen hingegen nicht wenige Neugründungen, die nach einer Gründungseuphorie in den Fußangeln der Startphase hängen bleiben. Amerikanische und britische Neugründer haben hier einen großen Vorteil. Die kapitalstarke Mott-Foundation bietet jeder neu gegründeten *Community Foundation* an, die Kosten für eine Geschäftsstelle für fünf Jahre und bis zu einer Million Dollar zu übernehmen. Dieses Angebot ist an zwei Voraussetzungen gebunden: Die neuen Gemeinschaftsstiftungen müssen ein überzeugendes Arbeitskonzept und eine starke Unterstützung vor Ort nachweisen. Vergleichbare Starthilfen gibt es bei uns leider nicht. Doch auch hierzulande lässt sich eine erfolgreiche Bürgerstiftung nur in Ausnahmefällen vom Wohnzimmertisch aus aufbauen. Vielleicht wäre logistische Starthilfe eine Aufgabe für eine private Großstiftung. Doch unabhängig davon gehört die strategische Planung bislang nicht zu den Stärken der deutschen Gründerstifter.

In den USA gehört eine professionelle Bedarfsanalyse zum Standardprogramm vor einer Neugründung. Bei uns ist sie die Ausnahme. Eine der Faustregeln jenseits des Atlantiks lautet: Ein Einzugsgebiet sollte nicht weniger als fünf Millionen Einwohner haben. Im historisch zersplitterten Deutschland muss man freilich in anderen Größenordnungen denken. Doch wer die Grenzen des Wirkungsbereichs aus traditioneller Antipathie zum Nachbardorf zu eng zieht, mindert auch die Zahl seiner potenziellen Stifter. Nachholbedarf besteht zudem bei Förderrichtlinien und Transparenz. Gerät eine Bürgerstiftung in den Geruch eines Klüngelvereins, nimmt sie sich selbst alle Chancen auf Erfolg. Bürgerstiftungen, die wie im korruptionsanfälligen Italien üblich Einnahmen und Ausgaben auf Heller und Pfennig öffentlich machen, schaffen das nötige Vertrauen, um neue Zustifter für sich zu gewinnen. Wahrscheinlich ist es für eine Zwischenbilanz einfach noch zu früh. Wie alle Experten und Engagierten bittet Stefan Nährlich: »Gebt uns noch ein wenig Zeit.« Sind die Startschwierigkeiten erst einmal überwunden, greift der Folgesatz zu »Die erste Million ist immer die schwerste«. Die erfolgreichen Bürgerstiftungen beweisen: »Geld kommt zu Geld.«

9. Geben lernen – Für eine neue Erziehung zum Gemeinsinn

Gut, wenn man einen Freund hat,
der Fische fangen kann. Dann braucht
man sich vor nichts zu fürchten.

Der kleine Tiger zum Bären (Janosch)

Kinder sind wie wir

»Wer wissen möchte, was in der kindlichen Sozialisation alles schief gehen kann, muss nur die Urteilsbegründungen von jugendlichen Straftätern lesen«, sagt Hans Rudolf Leu. Seit 1997 leitet der Sozialisationsforscher die Abteilung Kinder und Kinderbetreuung am Deutschen Jugendinstitut in München. Für ihn stellt sich die zentrale Frage seiner Arbeit so: »Wie bekommen wir im Erziehungsprozess die Balance von Autonomie und Verbundenheit hin?« Ein Kind muss zu einem starken Individuum heranwachsen, das es selbstbestimmt mit den Herausforderungen des Lebens aufnehmen kann. Gleichzeitig soll es als soziales Wesen die anderen nicht aus dem Blick verlieren, sondern sich sensibel in Gemeinschaften integrieren können und sich für andere einsetzen. Der Balanceakt – ein kurzer Blick auf die Welt der Erwachsenen genügt – kann leicht misslingen. »In die eine oder andere Richtung abrutschen«, nennt das Leu.

Jede Elterngeneration wird wohl auch in Zukunft darüber streiten, wo genau der Königsweg zur selbst- wie verantwortungsbewussten Persönlichkeit ihrer Kinder entlang läuft. Wie werden aus Kindern Menschen, die Willen und Fähigkeit zur Großzügigkeit in all ihren Ausprägungen besitzen? In der Sozialisation muss offenkundig vieles zusammenkommen. Deshalb ein kurzer Ausflug in die Entwicklungspsychologie: Ein »Urvertrauen« in die Eltern ist eine wichtige Grundlage, damit sich ein kleiner Mensch zu einem starken Mitglied einer Gemeinschaft entwickeln kann. Urvertrauen entsteht im ersten Lebensjahr. Der Säugling muss spüren, dass er sich auf seine Bezugsperson immer verlassen kann. Sucht das Baby Nähe, muss es sie bekommen und zwar bedingungslos. Säuglinge fordern Liebe, wenden sich aber nach einiger Zeit auch wieder ab. Überforderte Mütter, besonders Teenager, die selbst in früher Kindheit Ablehnung erfahren haben, können damit immer wieder nicht umgehen. Sie »bestrafen« die vermeintliche Zurückweisung der Mutterliebe ihrerseits mit Liebesentzug. Erste Zweifel an der Zuverlässigkeit der Eltern sind eine schlechte Grundlage für gutes Sozialverhalten später. Damit ein Kind neugierig die Welt erkunden und offen auf andere Menschen zugehen kann, muss es wissen: Hinter mir steht immer jemand, der mich sichert.

Nach (der zur Lehrmeinung avancierten) Überzeugung des deutsch-amerikanischen Psychologen Erik H. Erikson hat ein Kind die besten Voraussetzungen, eine ungestörte Persönlichkeitsentwicklung zu durchlaufen, wenn es:

- im ersten Lebensjahr ein Urvertrauen aufbauen kann, also das Gefühl hat, sich auf seine Bezugspersonen verlassen zu können,
- im zweiten bis vierten Lebensjahr eine beginnende Autono-

mie verwirklichen darf, das heißt, selbst Entscheidungen treffen darf,
- im fünften Lebensjahr ein nicht zu sensibles Gewissen entwickelt und schließlich
- vom sechsten bis zum zwölften Lebensjahr die Möglichkeit hat, sich konstruktiv mit Aufgaben auseinander zu setzen und dabei Leistungen zu vollbringen, die von seinen Mitmenschen anerkannt werden.

Kein Kind wird in jungen Jahren nur Zustimmung erfahren. Ablehnung ist Teil der Sozialisation. Neben Selbstwertgefühl wird jedes Kind auch Selbstzweifel, neben Vertrauen Misstrauen, neben Stolz und Bestätigung Gefühle der Minderwertigkeit, der Schuld und der Scham entwickeln. Das ist normal. Doch entscheidend ist: Welche Erfahrungen überwiegen? Denn auf der Basis seiner Erfahrungen wird ein Kind sein inneres Leitbild entwickeln, dem es als Jugendlicher und Erwachsener auch dann folgt, wenn nicht unmittelbar Belohnung lockt oder Strafe droht. Die Erwachsenen können dabei ihrer Verantwortung nicht entkommen. Wer über mangelnde Leistungs- oder Verantwortungsbereitschaft, zu großen Egoismus oder fehlenden Gemeinsinn der heranwachsenden Generation klagt, beschreibt den Zustand der gesamten Gesellschaft. »Kinder sind so, wie wir sind. Sie spiegeln uns in unseren Stärken und Schwächen«, glaubt Wolfgang Harder. 15 Jahre lang leitete Harder die reformpädagogisch orientierte »Odenwaldschule« bei Heppenheim. Die Frage nach Werten und dem Gemeinsinn der Kinder ist für ihn immer auch eine Frage an die Erwachsenen: Wie viel Egoismus lassen wir unter uns zu? Denn die kindliche Moral folgt der erwachsenen.

Kekse!

Kleine Kinder sind zeitlos egoistisch. Ihr wichtigstes Auswahlkriterium ist die persönliche Präferenz, und alles, was den eigenen Interessen entgegenkommt, wird erbarmungslos umarmt. Kekse! Her damit und alle für mich. Auf die Trommel hauen, wenn Mama telefonieren möchte. Klar, denn dann bekomme ich wieder Aufmerksamkeit. Die Legosteine in der Wohnung verteilen. Ist doch lustig. Was Spaß macht, muss richtig sein. Bis zu einem Alter von drei Jahren ist kindlicher Egoismus keine böse Absicht, sondern in einer Welt der permanenten Neuerfahrung die einzige Möglichkeit, sich zu entscheiden. Erst schrittweise – mit zunehmender sozialen Erfahrung – gewinnt das Kind die Fähigkeit, bei persönlichen Entscheidungen die Interessen anderer Kinder und Erwachsener zu berücksichtigen.

Familie, Kindergarten, Schule, Kirche, Vereine, Nachbarschaft, Spielgefährten: Alle konfrontieren Kinder mit Normen und Regeln, die diese zunächst unbewusst verinnerlichen. Normen werden Teil der Persönlichkeit. Gewissen, Schuld- und Schamgefühle sorgen dafür, dass ein Kind sich auch dann an diese Normen hält, wenn es keine direkten Sanktionen zu fürchten hat. Der inzwischen verstorbene Harvard-Psychologe Lawrence Kohlberg beschrieb die Entstehung einer kindlichen Moral als einen Prozess in drei Stufen:

In der ersten Stufe (präkonventionelle Moral) bis zur Vorpubertät richtet das Kind sein moralisches Urteil nach den allgemein gültigen Regeln. Es lernt, dass es Personen oder Sachen keinen Schaden zufügen darf. Motiv seines Handelns ist es, belohnt zu werden und Strafe zu vermeiden. Die zweite Stufe (konventionelle Moral) beginnt mit der Vorpubertät. Das Kind erkennt, dass es Anerkennung gewinnen kann, wenn es moralische Konventionen befolgt. Es möchte sich als braves Kind konform verhalten, orientiert sich sehr stark an Regeln, die Autoritäten vorgeben. Sein Gewissen gewinnt an Gewicht. Stufe drei nennt Kohlberg dann »postkonventionelle Moral«. In der Pubertät beginnen Jugendliche ethische Prinzipien zu entwickeln, deren Wert und Geltung unabhängig davon sind, ob sie von einer Autorität vertreten werden. Jugendliche beginnen zu verstehen, dass die Ansichten der Familie nur ein Teil der Wahrheit sind. Die Meinung der Freunde und der Clique wird sehr viel wichtiger als die der Eltern und Lehrer. In dieser Phase begreift der Mensch, dass Gesetze nicht absolut gelten. Er erkennt, dass die Gemeinschaft auf einem Sozialvertrag fußt und ein verbindliches moralisches Koordinatensystem notwendig ist, um eine Gemeinschaft lebendig und lebenswert zu gestalten. Im Idealfall entwickelt der junge Mensch jetzt den Wunsch, sich systematisch und dauerhaft für andere einzusetzen. Psychologe Kohlberg war überzeugt, dass dieser dreistufige Entwicklungsprozess ein festes Muster darstellt und die einzelnen Stufen nicht übersprungen oder beliebig verändert werden können. So viel zur Theorie. Wer gemeinschaftliche Werte vermitteln will, muss wissen, wie Kinder ihr Wertesystem langsam aufbauen. Doch die Praxis hat bekanntlich ihre eigenen Tücken. Besonders in Erziehungsfragen.

Vorbilder, Vorbilder, Vorbilder

Ein kleines Kind lernt durch Lob und Tadel. Es fragt sich: Was finden Mama und Papa gut und was nicht? Doch Kinder lernen auch schon früh durch Imitation. Wie machen Mama und Papa das? Später lernen sie durch Identifikation, also: Wie kann ich sein wie mein Idol?

So weit, so gut. Doch was heißt das für die Erziehung zu sozialem – von Pädagogen »prosozial« genannten – Verhalten? »Hierauf gibt es drei klare Antworten und die heißen: Vorbilder, Vorbilder und Vorbilder«, glaubt der Entwicklungspsychologe

Hartmut Kasten vom bayerischen Staatsinstitut für Frühpädagogik, IFP. Die ersten und lange die wichtigsten Vorbilder eines Kindes sind seine Eltern. Diese Erkenntnis mag keine wissenschaftliche Sensation sein und dennoch kann es kaum schaden, daran zu erinnern: Wer sozial eingestellte Kinder möchte, muss ihnen jeden Tag soziales Verhalten vorleben. »Der Apfel muss geteilt werden, und schmeckt er noch so gut«, sagt Kasten. Wenn Kinder diese Erfahrung nicht früh machen, fällt das Geben später schwer. Der Autor mehrerer Standardwerke zur frühkindlichen Entwicklungspsychologie ist überzeugt: »Das Bild vom Hans, der Hänschens ausgelassene Bildungschancen nicht mehr aufholen kann, trifft auch auf prosoziales Verhalten zu.« Und besonders in Zeiten, in denen immer mehr Kinder in Ein-Kind-Familien oder als Einzelkinder bei Alleinerziehenden aufwachsen.

Dieser Aspekt der demografischen Entwicklung stellt für Krippen, Kindergärten und Schulen eine neue Herausforderung dar. Denn vieles, was Kinder früher im Mikrokosmos einer größeren Familie an Sozialverhalten automatisch mitbekommen haben, ist heute nicht mehr selbstverständlich. Rücksicht lernen Kinder am besten untereinander. Geschwister sind gezwungen, eine Kultur des Streitens und Vertragens zu entwickeln, denn sie sind ja auch gezwungen, weiter miteinander auszukommen. Ältere Geschwister sind Vorbilder für die jüngeren und lernen dabei, in wachsendem Maß Verantwortung zu übernehmen. In Krippe, Kindergarten oder auf dem Spielplatz beginnen Kinder, erste Freundschaften aufzubauen. Für das Sozialverhalten ist dies ein entscheidender Schritt, denn in der Rolle des Freundes oder der Freundin stehen sie erstmals vor der Alternative: Entweder wir bekommen das gemeinsam hin oder unsere Beziehung endet hier. Gute Erzieherinnen lassen Kinder dabei ihre eigenen Erfahrung machen, weniger gute schreiten viel zu oft viel zu früh ein. In guter Absicht, versteht sich, wollen sie den Kindern beibringen, wie man Konflikte löst. Das ist kontraproduktiv, zumindest wenn man prosoziales Verhalten früh fördern möchte. »Erwachsene bekommen oft nicht mit, was Kinder schon können und welche Mechanismen der Selbstregulierung greifen«, kritisiert der DJI-Forscher Hans Rudolf Leu und fürchtet: »Wertevermittlung wird nach wie vor viel zu oft mit dem moralischen Zeigefinger probiert.« Das könne im Einzelfall funktionieren, doch der bessere Weg sei: »Kinder müssen lernen, dass es Vorteile bringt, gut zu sein, dass es nützlich ist und interessant, anderen zu helfen.« Auch Leu betont die Bedeutung von Vorbildern. »Vorbilder überragen alle anderen Faktoren.« Kinder spüren genau, ob im Erzieherinnenteam ein kooperativer Geist weht – oder eben nicht. Für die Familie gilt das freilich in noch stärkerem Maße.

Eltern, Erzieherinnen und Lehrer stehen gemeinsam vor der schwierigen Aufgabe, den Balanceakt von Autonomie und Verbundenheit zu steuern. Die zur pädagogischen Standardformel gewordene Formulierung vom gleichzeitigen »Fördern und Fordern« ist auch bezogen auf prosoziales Verhalten keine schlechte Orientierungshilfe. Dabei ist die Bildung einer stabilen Identität und eines selbstbewussten Ichs eine wichtige Voraussetzung dafür, das Wir nicht aus den Augen zu verlieren. Jedes Kind muss sich als Individuum an- und wahrgenommen fühlen, um die Fähigkeit zu entwickeln, auf andere zu achten. In der von Hartmut von Hentig gegründeten »Laborschule« in Bielefeld geht man das Problem mit einem Gleitzeitmodell an – sowie mit altersgemischten Klassen, einer täglichen Morgenversammlung und Patenschaften. In der Laborschule beginnt der Unterricht für die Schüler zwischen fünf und sieben Jahren nicht für alle um Punkt acht. Die Schüler tröpfeln zwischen Viertel vor und Viertel nach ein. »Das hat den großen Vorteil, dass der Lehrer jedes Kind einzeln begrüßen kann«, berichtet die didaktische Leiterin Annemarie von der Groeben. Ein erstes Signal: Du wirst als Person ernst genommen und geschätzt. Wenn alle Schüler da sind, geht es noch nicht richtig los. Die Gruppe mit 16 Kindern aus drei Jahrgängen setzt sich erst einmal zusammen, um von dem zu berichten, was immer ihnen in den Sinn kommt. »Plappern ist wichtig«, sagt von der Groeben. Die Begründung: »Wer erzählen darf, weiß: Ich bin wichtig. Er lernt aber gleichzeitig, dass auch die anderen das Recht haben, sich einzubringen.«

Erziehung zur Verantwortung

In der Laborschule wird bereits mit fünf Jahren in den »Jahrgang 0« eingeschult. Die Siebenjährigen aus »Jahrgang 2« der altersgemischten Klasse können sich dann um ein Amt als »Pate« bewerben. Dieses Amt ist sehr begehrt und tatsächlich mit Verantwortung oberhalb der symbolischen Ebene verbunden. Wann immer ein »Kleiner« ein Problem hat, soll er sich zunächst an seinen »großen« Paten wenden. Nur wenn der nicht weiterweiß, darf der Lehrer hinzugezogen werden. Die Jüngeren lernen Verhalten und schulische Inhalte von den Älteren, die Älteren jedoch mehr als »nur« Verantwortung: Zum einen wiederholen sie beim Erklären, was sie sich erst kürzlich selbst mühsam erarbeitet haben und festigen dabei ihr Wissen. Die Kleinen vermitteln aber auch Spontaneität und Zuwendung. Das Prinzip »Verantwortung für andere« zieht sich durch das gesamte pädagogische Konzept der Reformschule. Mit sieben oder acht Jahren können sich die Schüler darum bewerben, ein Nagetier aus dem »Schulzoo« eigenverantwortlich zu pflegen. In Klasse 7 machen alle Schüler ein Praktikum in einer Kindertagesstätte und erfahren erstmals, was es heißt, von Kleinkindern als Erwachsene wahrgenommen zu werden. Auf der Skihütte gibt es bei der Selbstversorgung keine Hilfe von Erwachsenen. Und auch im Sportunterricht greift das Prinzip Lernen durch Lehren. Hier trainieren Zehntklässler die gemischte Klasse 0 – 2.

Die ebenfalls reformpädagogisch orientierte Helene-Lange-Schule in Wiesbaden geht den Weg Erziehung zur Verantwortung für andere noch konsequenter. Hier gehört sogar das Putzen zum

Gemeinsinn-Konzept. 1986 war die »HLS« ein heruntergekommenes Gymnasium für die Jahrgangsstufen fünf bis zehn, das im Zuge einer hessischen Schulreform auch noch die Jahrgänge fünf und sechs abgeben sollte. Die damalige Direktorin Enja Riegel wandelte das Gymnasium daraufhin gegen viele Widerstände in eine Reformschule ohne getrennte Schulzweige, aber dafür mit Bildungsschwerpunkt »Gemeinsinn« um. Seitdem putzen die Schüler jeden Mittag ihre Klassenräume selber. Die Erhaltung des Lebensraums Schule wird somit zur Gemeinschaftsaufgabe und nicht an türkische oder polnische Putzfrauen delegiert. Riegel ist sich sicher: »Wer achtsamer mit seiner Umgebung umgeht, geht auch achtsamer mit seinen Mitmenschen um.« Auch an der Helene-Lange-Schule gilt das Prinzip: Den Lehrer nur fragen, wenn die Gruppe nicht weiterweiß. Stärkere Schüler müssen schwächeren helfen und es als ihre Aufgabe begreifen, das Leistungsniveau der Klasse zu heben. Gerne erzählt Enja Riegel – Autorin des Buchs »Schule kann gelingen« – die Geschichte von einem Problemschüler, der bereits durch viele Pflegefamilien gegangen und von acht Schulen verwiesen worden war. Der Klassenlehrer ließ die Schüler entscheiden, ob sie den Problemfall aufnehmen wollten. Sie wollten. Auf der Helene-Lange-Schule schaffte der Rabauke ohne größere Probleme den Realschulabschluss, weil die gesamte Klassengemeinschaft ihn immer wieder in die Pflicht nahm und ihm klar machte: Wir ziehen dich mit, aber jetzt ist Schluss mit deinem asozialen Verhalten!

Eingebunden in ein Schulnetzwerk der UNESCO fördert die HLS internationale Projekte. Von der fünften Klasse an sind alle Schüler in ein großes Entwicklungshilfeprojekt mit einer Partnerschule in Nepal involviert. Vor 15 Jahren sammelte die Schulgemeinde erstmals für ein reparaturbedürftiges Dach der Schule in einem Dorf namens Bandha. Seitdem wurden mit Spenden aus der Schulgemeinde, Erträgen aus Fair-Trade-Kooperationen von Schmuck und Teppichen, gigantischem Weihnachtsbazar,

Firmensponsoring und Mikrokrediten aus dem Umfeld der Elternschaft in Bandha und Umgebung mehrere Schulen und ein Krankenhaus gebaut, eine Teppichmanufaktur, Nähereien und eine Silberschmiede errichtet, Wasserleitungen verlegt und Schüler aus dem kleinen Himalaya-Dorf in weiterführende Schulen geschickt. Jährlich reist eine Delegation nach Nepal und berichtet nach der Rückkehr von den Fortschritten. Das motiviert die nächste Schülergeneration, weiterzumachen.

Ab dem achten Schuljahr beginnt an der Wiesbadener Reformschule, was an angelsächsischen Middle- und Highschools und beim internationalen Abschluss IB (»International Baccalaureat«) die Norm ist: Erziehung zu Freiwilligenarbeit und bürgerschaftlichem Engagement. Im Alter von 14 Jahren, also in der Hochphase der Pubertät, sieht der HLS-Lehrplan das Fach »tätige Nächstenliebe« vor. Vier Monate verbringen die Schüler einen Nachmittag pro Woche mit einem Menschen, der Hilfe braucht. Diesen Menschen müssen sich die Schüler selbst suchen. Teil der Lernerfahrung ist es zu schauen, wo Hilfe überhaupt gebraucht wird. Oft stoßen die Schüler dabei auf Ablehnung. Alte oder behinderte Menschen sind bekanntlich oft schwierig im Umgang. Sie für sich zu gewinnen, gehört ebenfalls dazu. Nebenbei erfahren die Pubertierenden, was es heute heißt, alt zu werden. »In der Großfamilie gab es früher immer einen, nach dem man regelmäßig schauen musste. Heute ist das nicht mehr selbstverständlich. Also muss die Schule sich dieser Aufgabe annehmen«, sagt Ex-Direktorin Riegel. Oft ergeben sich aus den Zwangsbesuchen der »tätigen Nächstenliebe« langjährige Freundschaften zwischen den Generationen. Aus Pflicht wird Spaß.

Mit 15 macht rund ein Drittel jedes Jahrgangs der Wiesbadener Schule ein Vollzeitpraktikum in einem Altersheim in der Partnerstadt Görlitz. Dort sind sie voll in die Arbeitsabläufe integriert, müssen waschen, pflegen, füttern. Keine besonders angenehmen Arbeiten, sollte man meinen. Doch Enja Riegel hört immer wieder von ehemaligen Schülern: »Die Zeit war die beste überhaupt. Da habe ich zum ersten Mal gespürt, dass ich richtig gebraucht werde.« In dieser Situation würde der Leiter des Deutschen Jugendinstituts, Thomas Rauschenbach, Schüler gerne öfter sehen. Sein Eindruck ist: »Die Schule ist fast immer Simulation. Schüler müssen sich heute viel zu selten und viel zu spät in ›Ernst-Situationen‹ beweisen.« Prosoziales Verhalten ist deshalb immer häufiger keine Frage des Wollens sondern des Könnens. Wer alte oder behinderte Menschen nur aus dem Fernsehen kennt, weiß nicht, wie er mit ihnen in einer realen Situation umgehen soll. Rauschenbach fordert deshalb: »Dann müssen wir diese Realsituationen eben künstlich herbeiführen, zum Beispiel in Form von Sozialpraktika. Und dies am besten nicht erst in den letzten Schuljahren, sondern bevor die Jugendlichen voll in der Pubertät sind.« Die Erfolge der Helene-Lange-Schule mit diesem Ansatz fasst die ehemalige Schulleiterin Riegel in einem Satz zusammen: »Unsere Schüler kommen immer einen Kopf größer aus Görlitz zurück.«

Waldorf-Weichlinge, PISA und der EQ

Geht die Erziehung zu prosozialem Verhalten auf Kosten der leistungsorientierten Bildungsziele? Oder anders gefragt: Sind die Stunden im Klassenrat verlorene Stunden, die schlechten Pisa-Ergebnisse der deutschen Schüler nicht Beweis mangelnder Lerndisziplin und Ergebnis einer 68er-Pädagogik, die eine phlegmatische Generation an Computerspielern nicht erreicht? Und haben wir zu lange zu viele super-soziale Waldorf-Weichlinge produziert, die zwar ein Gedicht tanzen können, denen aber leider die Grundkompetenzen für ein Studium der Betriebswirtschaft fehlen? Eine Schlagwortsuche mit den Begriffen »pro-social behavior« und »education« bei Google oder den einschlägigen Datenbanken aus den Fachbereichen der Erziehungswissenschaften deuten eher auf das Gegenteil hin. Es gibt Hunderte von Studien, die belegen: Mit wachsenden sozialen Kompetenzen steigen auch die Bildungserfolge. Beim Pisa-Test schnitt die Helene-Lange-Schule zum Beispiel überdurchschnittlich gut ab (wenn auch nicht überragend, wie in der Presse hier und da behauptet). Gleiches gilt für die Odenwaldschule und für die Bielefelder Laborschule. Doch dies muss kein zwingendes Argument für integrierte, reformorientierte Schulformen sein. Was die drei genannten Schulen von vielen Regelschulen unterscheidet, sind vor allem Engagement und Ambition, mit denen Schulleitung und Lehrer ihre Bildung betreiben. Hinzu kommen Eltern, die hinter den Konzepten der Schule stehen und sie aktiv unterstützen. Die Bildungsdebatte sollte vielleicht weniger die Schulsysteme in Frage stellen, als vielmehr die einzelnen Schulen, Lehrerkollegien und Eltern. Es gibt gute Schulen und es gibt schlechte Schulen. Und in den guten Schulen – ob im dreigliedrigen Schulsystem oder nicht – ist es selbstverständlich, prosoziales Verhalten zu fördern und zu fordern. Das entspricht nicht nur dem klassischen Bild eines umfassenden humanistischen Bildungsauftrags, sondern auch den Erkenntnissen pädagogischer und psychologischer Forschung.

Der Erfolg eines Menschen im Leben hängt entscheidend davon ab, wie sicher er sich in seinem sozialen Umfeld bewegen kann. Und die entscheidende Größe in diesem Zusammenhang ist die emotionale Intelligenz. Für den amerikanischen Psychotherapeuten Lawrence E. Shapiro setzt sich emotionale Intelligenz – und folgend der emotionale Quotient EQ – aus einer langen Liste von Eigenschaften zusammen: Gefühle verstehen und selbst ausdrücken können, zu erlernen mit Schwierigkeiten und Stress umzugehen, Anstrengungsbereitschaft, Leistungsbereitschaft, Ausdauer, Fleiß, Ehrgeiz, moralische Fähigkeiten wie Hilfsbereitschaft, Toleranz, Achtung, Ehrlichkeit, Versprechen halten, Freundlichkeit, das Achten der Intimsphäre anderer Menschen, Disziplin, realistisches Denken, optimistische

Lebenseinstellung, Problemlösungsstrategien, die Fähigkeit, mit anderen auszukommen, Humor, Höflichkeit, Selbständigkeit und Eigeninitiative, die Fähigkeit, Freunde zu gewinnen, Kooperationsbereitschaft und ein effektives Zeitmanagement. Das Profil eines erfolgreichen, effektiven und zufriedenen Gebers dürfte nahezu deckungsgleich ausfallen, und das gibt Anlass zur Hoffnung. Der EQ ist im Unterschied zum Intelligenzquotienten weniger erblich, sondern kann durch Eltern, Erzieherinnen und Lehrer gezielt gefördert werden. Der Pädagoge Wolfgang Harder gibt hierzu allen Eltern und Kollegen drei Grundregeln mit auf den Weg:

Jedes Kind sollte jeden Tag deutlich spürbar die Erfahrung machen, dass es …

1. als Individuum wahrgenommen und geachtet wird,
2. es für andere wichtig ist und
3. dass es sich lohnt, erwachsen zu werden.

Ein Kind, das diese Erfahrungen täglich macht, wird drei wichtige Charakterzüge entwickeln. Es wird »der Welt freimütig gegenübertreten«, also weder unterwürfig noch hochnäsig mit seinen Mitmenschen umgehen, sondern offen und zu sich selbst stehend. Das Kind wird »empfindsam für die Not anderer« sein, in der Nähe wie in der Ferne. Und es wird drittens als Erwachsener »wissend handeln«, also seine Entscheidungen auf Basis seiner moralischen Grundüberzeugungen treffen. Um die Zukunft unserer Gesellschaft könnte einem weniger Bange sein, wenn alle Pädagogen ein ähnlich klares Leitbild ihres Erziehungsauftrages hätten.

Leistungsorientierung in Mathematik und Physik, Deutsch und Englisch, Geografie und Sport ist notwendig. Doch dies schließt keineswegs aus, dass der Gemeinsinn nicht ebenfalls einen zentralen Platz im Bildungskonzept einnimmt. Das Gegenteil ist richtig. Schule gelingt, wenn sie aus Kindern Erwachsene macht, die sowohl für sich als auch für andere sorgen können und wollen. Hierfür brauchen wir zunächst einmal Schulleiter, die eine klare Vorstellung vom Erziehungsauftrag haben, den die Schule in ihrem Viertel leisten kann und muss. Erziehung zum Gemeinsinn ist zweitens kein Dienst nach Vorschrift. Lehrer, die nach dem Unterricht schneller im Auto sitzen als die Schüler auf dem Fahrrad, braucht niemand. Werte lassen sich drittens nicht im Frontalunterricht vermitteln, sondern nur durch emotionale Erfahrung und Vorbilder. Wir brauchen um die Schulen herum ein zivilgesellschaftliches Umfeld, das Schülern bewusst Angebote unterbreitet, Verantwortung zu tragen und gemeinschaftliche Aufgaben wahrzunehmen. Das kann im Umweltschutz sein, in der Seniorenbetreuung oder in der Jugendfeuerwehr. Und nicht zuletzt brauchen wir Eltern, die das alles aktiv unterstützen. »Die Erziehung zum Gemeinsinn ist ein Gesamtkunstwerk«, sagt der ehemalige Leiter des Internats Salem Bernhard Bueb. Er meint das in doppeltem Sinne. Das Gesamtkunstwerk umspannt alle Charaktereigenschaften der Großzügigkeit von der Fähigkeit zu verzeihen, über die Toleranz bis zu einer Disziplin beim Helfen. Das Gesamtkunstwerk entsteht aber gleichzeitig nur durch das Zutun der gesamten Gemeinschaft. Das weiß man auch in anderen Kulturen. »It takes a whole village, to raise a child«, sagt der westafrikanische Volksmund. Man braucht ein ganzes Dorf, um ein Kind großzuziehen.

10. Die neue Kultur der Großzügigkeit – Wenn alle geben, werden alle gewinnen

Wir stehen vor atemberaubenden Möglichkeiten,
die als unlösbare Probleme verkleidet sind.

John Gardner

Berlin goes Las Vegas

In der ernüchterten Gemütslage der Nation sind zur Halbzeit des ersten Jahrzehnts des 21. Jahrhunderts zwei Tendenzen deutlich erkennbar.

Erstens: Sehr viele Menschen wollen raus aus dem System der kleinen Vorteilsnahme. Der Ehrliche mag hier und da der Dumme sein, doch er bleibt sich treu. Der Raffke hingegen bleibt unzufrieden zurück, denn er findet keine sinnstiftende Antwort auf die Frage: Was für ein Mensch will ich eigentlich sein? Vielleicht gelingt es dem einen oder anderen notorischen Nehmer, die Suche nach einem besseren Selbst nie anzutreten. Doch Egoismus als Lebensprinzip hat einen hohen Preis. Wer sein Leben vorrangig auf Gewinnmaximierung ausrichtet, wählt die hedonistische Tretmühle und damit die Unzufriedenheit als ständigen Begleiter. Preist man die Psychologie in die persönliche Nutzenkalkulation ein, verhalten sich Nehmer unökonomisch. Nach knapp zwei Jahrzehnten Rückzug aus der Gesellschaft, in denen ichbezogene Werte dominierten, wissen immer mehr Menschen: Frechheit siegt nicht wirklich.

Zweitens: Wir trauen der Politik den großen Wurf zur Lösung unserer Probleme nicht mehr zu. Nils Minkmar, Feuilletonredakteur der *Frankfurter Allgemeinen Sonntagszeitung*, wählt ein Bild aus der Popkultur: »Die Politik ist zu einem autistischen Subsystem unter mehreren geworden. Unsere Spitzenpolitiker mögen wie Rockstars beachtet werden, aber sie landen keine Hits mehr. Sie treten immer schon in Las Vegas auf, als Zitate ihrer selbst.« Die immer gleichen Worthülsen vor den immer gleichen Stellwänden vor den immer gleichen Kameramännern. Das Raumschiff Berlin ist ein System der Selbstreferenz. Die Politik hat im doppelten Sinn nichts mehr zu sagen. Sie hat keine Ideen. Aber sie hat auch die Fähigkeit verloren, Ideen umzusetzen. Europäische Einigung und Globalisierung haben die Politiker der nationalen Bühne zu Nebendarstellern gemacht, die auf die Gestaltung der Gesellschaft noch so viel Einfluss haben wie früher vielleicht ein Ministerpräsident.

Das System der Gewinnmaximierer und der Versorgungsstaat, sie sind zeitgleich in ihre Dämmerungsphase eingetreten. Immer mehr Menschen kommen deshalb zu dem Schluss: Wir müssen nach eigenen Lösungen auf einer Ebene zwischen der sinnentleerten Ego-Strategie der »rational choice« und einer handlungsunfähigen Politik suchen. Die Antworten finden wir im Nahbereich: In der Familie, in der Nachbarschaft, im Elternverein, im Unternehmen, an der Universität, in der Wohlfahrtsorganisation, in der Kirche, in der Bürgerstiftung, in der Ortsgruppe der NGO oder in der freiwilligen Feuerwehr. Und unsere Antworten sind Ausdruck einer Haltung. Vom Nehmen zur Abhängigkeit ist es nur ein Katzensprung. Die Großzügigkeit hingegen ist ein Stück zurückgewonnene Freiheit. Das Geben ist auch eine Form der Selbsthilfe, denn Geben ist praktizierte Reziprozität. Wer nicht mehr hilft, verliert auch die Fähigkeit, sich selbst zu helfen. Die Mitte der Gesellschaft hat dies erkannt und zieht die richtigen Schlüsse. Das Leben schreitet zu schnell voran, als dass wir auf die politischen Entwürfe, die endlich einmal greifen, warten könnten.

Der Homo oeconomicus hat ausgespielt

Wir haben ein realistischeres Bild von den Fähigkeiten des Staates und der öffentlichen Hand, als uns die Politik mit ihrer lavierenden Reformrhetorik und Unfähigkeit zu klaren Entscheidungen zutraut. Die Parteien präsentieren längst kein realistisches Bild der Gesellschaft mehr. Sie drohen mit Untergangsszenarien, vor denen sie uns retten wollen. Oder sie hacken auf dem politischen Gegner herum und deuten dessen Versagen als Erfüllung der eigenen Prognose. Auch ihren unerträglichen Paternalismus können die Parteien einfach nicht lassen: »Beide Stimmen für die CDU – Und lassen Sie uns die Arbeit machen!« Mit diesem Slogan trat die CDU bei der letzten Landtagswahl in Schleswig-Holstein an und konnte auf niedrigem Niveau punkten, weil Landesmutter Heide nur Heide und sonst gar nichts anzubieten hatte. Lassen Sie uns die Arbeit machen? Viel Spaß beim Warten! Wer Probleme mit Lösungen begegnen möchte, hilft sich besser selber. Und in der Tat: Der Abschied vom »nanny-state«, vom Kindermädchenstaat, vollzieht sich leise aber stetig.

Ihre Stadt kann wegen falscher finanzieller Schwerpunkte keinen Krippenplatz garantieren? 2008 oder 2009 vielleicht? Das ist bedauerlich, denn dann geht der Kleine längst in den Kindergarten. Es hilft nur eins: Eltern müssen eine finanzierbare Tagesbetreuung selbst organisieren, und sie tun genau das zu

Zigtausenden. In der Regel geht das nur mit viel Eigenengagement. Die Rente ist unsicher, das wissen wir. Wie die Riesterrente funktioniert, haben wir leider nie verstanden, weil sie ein ebenso absurd kompliziertes Konstrukt ist wie unsere Steuererklärung. Die Mittelschichten bilden stattdessen – ganz konventionell wie in den fünfziger Jahren – Eigentum, um für wirtschaftliche Durststrecken und für das Alter gewappnet zu sein. Ältere Bürger entdecken viele Formen der Selbsthilfe neu – unter anderem das alte Modell Genossenschaft. Die Seniorengenossenschaft im schwäbischen Riedlingen arbeitet besonders erfolgreich. 600 Mitglieder zählt sie gut zehn Jahre nach ihrer Gründung und bietet den Senioren der Stadt Essensservice, Tagespflege, Fahrdienst und betreutes Wohnen. Wer Hilfe braucht, findet sie hier für 7,50 Euro die Stunde. Die ehrenamtlichen Helfer dürfen etwas mehr als sechs Euro die Stunde abrechnen. Die meisten machen das aber nicht, sondern sparen Arbeitsstunden an. Im Alter können sie dann kostenlos so viele Stunden Hilfe in Anspruch nehmen, wie sie in fitteren Tagen selbst gegeben haben.

Und auch Manager erkennen, dass sie sich ihrer gesellschaftlichen Verantwortung besser nicht entziehen – selbst wenn sie es können nach dem Motto: Gemacht wird, was legal ist. »Das zur Norm erhobene Zerrbild eines egoistischen, den kurzfristigen individuellen Nutzen um jeden Preis maximierenden Homo oeconomicus hat manche Vertrauenswürdigkeit und manche Vertrauensbereitschaft zerstört.« Das schreibt nicht etwa Norbert Blüm oder Heiner Geißler, sondern ein Strategieberater der Boston Consulting Group in einem Aufsatz mit dem Titel »Marktwirtschaft ohne Vertrauen? – Wie durchbricht man den Teufelskreis.« Der Markt kann ohne Vertrauen nicht funktionieren. Der Homo oeconomicus hat sein rationales Spiel ausgespielt, weil er vergessen hat, dass auch in der Wirtschaft Menschen die Entscheidungen treffen. Die umfassenden CSR-Anstrengungen der deutschen Unternehmen sind – bei aller angebrachten Kritik im Detail – ein Zeichen, dass die Wirtschaft Vertrauen von Mitarbeitern, Verbrauchern und auch Aktionären zurückgewinnen will. Die Unternehmen, die diesen Weg konsequent verfolgen, werden langfristig profitieren.

Generation Sharan

Wo man auch hinschaut, die Zeichen werden immer zahlreicher. Wir befinden uns wieder in einem Wertewandel. Eine Umfrage des Magazin *Stern* im November 2005 hat ergeben: »Eine breite Mehrheit – 63 Prozent der Westdeutschen, 72 Prozent der Ostdeutschen – sehnt sich heute nach einer geistig moralischen Wende.« Die Werbung, in den achtziger und neunziger Jahren »ein lächelndes Aas«, thematisiert plötzlich gesellschaftliche Defizite. Ein Beispiel unter vielen: Spielzeugeisenbahnhersteller Märklin fordert auf Plakaten »Fernsehverbot für Papa« und stattdessen mehr Zeit für Kinder. Im Kino stellen junge Filmemacher wieder die Frage nach der Verteilungsgerechtigkeit (siehe »Die fetten Jahre sind vorbei«) oder was eigentlich passiert, wenn keiner auf den anderen Rücksicht nimmt (siehe »Muxmäuschenstill«). Der Regisseur Andreas Dresen hat mit seinen Filmen »Nachtgestalten«, »Halbe Treppe« oder »Sommer vorm Balkon« dem deutschen Sozialdrama mit ironischen und humorvollen Zügen zu einem Comeback verholfen. Das TV-Magazin *Polylux* berichtet in skurrilen Kamera-Schwenks über angesagte Landkommunen, in denen das Leben nach den Regeln eines Kibbuz organisiert ist, junge Helfer, die trotz Lebensgefahr in den Irak gehen und radikale Tierbefreier. Vor wenigen Jahren hätte die Zielgruppe bei solchen Themen umgehend weitergezappt.

Auch die deutsche Popmusik sucht mit Bands wie »Wir sind Helden« nach neuer Tiefenschärfe in Sinnfragen. Gleiches gilt für die junge Garde der Theatermacher. Eine Kampagne wie »Du bist

Deutschland« wird zwar von den schlecht gelaunten Krittlern in den Feuilletons immer noch mit Genuss in der Luft zerrissen, und vielleicht sind viele Motive auch nicht besonders originell. In der Bevölkerung kommt der Claim »Du bist Deutschland« – das belegen die Kontrollumfragen – aber überraschend gut an. Und die gut gelaunten Kollegen der Krittler füllen die Feuilletons wieder mit langen Artikeln zu Fragen des Gemeinsinns, die noch vor Jahren wegen Pathosverdacht keine Redaktionskonferenz überlebt hätten. Zum Beispiel Henning Sußebach, der in der *Zeit* feststellt: »Wie Schaulustige fahren wir an kleinen und großen Katastrophen vorbei. Doch das Schaulustigen-Syndrom kann nicht nur auf der Autobahn zum Problem werden, sondern auch für ein Gemeinwesen.«

Sogar die FDP entdeckt das Soziale wieder. Ihre Strategieabteilung bastelt unter der Überschrift »Neosozial« an einem Konzept, das Freiheit und Solidarität unter einen Hut bringen soll. Vielleicht wird der gesellschaftliche Stimmungswandel am deutlichsten an der Figur des Wortführers der Generation Golf. Florian Illies hat in seinem Buch den persönlichen Stillstand unter dem Banner der Ironie zelebriert und das Engagement der anderen nach Kriterien ihres modischen Auftritts beurteilt. Dafür durfte er in jede Talkshow und mit Harald Schmidt gemeinsam lachen. Heute verantwortet Illies ein wunderbar gestaltetes Kunstmagazin namens *Monopol – Magazin für Kunst und Leben* – das wenig Beachtung findet. Zu den Fragen der Zeit hat Florian Illies nichts beizutragen, denn es geht heute nicht mehr um die ästhetische Be- bzw. Verurteilung von Liegeradfahrern. Der Historiker Paul Nolte und seine »Generation Reform« haben übernommen. Die Generation Reform fährt Sharan Diesel mit Partikelfilter. Der Sharan ist zwar hässlich, bringt aber die Familie sicher von A nach B.

Die Familie erlebt eine Renaissance. Viele Konservative, unter ihnen Verfassungsrichter Udo Di Fabio, beklagen zwar noch: Vor lauter Rücksicht, keiner Minderheit zu nahe zu treten, habe man aufgehört, dem Lebensmodell der statistischen Mehrheit, der Familie mit Kind oder besser mit Kindern, die gebührende kulturelle Achtung zu erweisen und es als eine erfüllende, zur Nachahmung empfohlene Lebensform zu beschreiben. Doch das Klima ist im Wandel. In den trendsetzenden Milieus – zum Beispiel im Berliner Baby-Boomer-Bezirk Prenzlauer Berg – gehört es unter den Akademikern zwischen 30 und 45 längst wieder zum guten Ton, zwei oder besser drei Kinder zu haben. Wer über 30 ist und ohne Kindersitz auf dem Gepäckträger mit dem Fahrrad unterwegs ist, kommt sich komisch vor. Sozialprestige definiert sich hier keineswegs mehr vorrangig über das Gehalt oder die Wahl der Automarke, sondern eher über die Frage, wie viel einer für seine Kinder tut und welche Ausbildung er ihnen ermöglicht. Der Wind im Diskurs hat sich in den letzten beiden Jahren gedreht. Wer keine Kinder hat, muss sich immer öfter rechtfertigen – und nicht umgekehrt. In absehbarer Zeit wird sich dieser Trend auch in den Geburtsstatistiken bemerkbar machen.

»Die neue Spießigkeit: Cool heißt uncool sein!«, proklamiert das Berliner Stadtmagazin *Zitty* und zitiert Bestseller-Autor Bret Easton Ellis mit der Feststellung: »Heute entdecken junge Großstädter wieder, was die 68er einst als Inbegriff des Konservativen verachteten: Sie leben auf dem Land, legen sich einen Kleingarten zu und machen Heiratspläne. So legen sich die Jungen augenzwinkernd eine neue Spießigkeit zu und lassen die Grenzen zwischen Kleinbürgern und Künstlern, Spießern und Hipstern immer mehr verschwimmen.« Zu diesem Lebensentwurf gehören wie selbstverständlich auch Kinder, und offenbar folgen dem Modell mit Vorliebe diejenigen, denen man es am wenigsten zugetraut hat. Christian Ulmen gab vor einigen Jahren auf MTV den Moderationsanarcho. Im Film »Herr Lehmann« spielte er überzeugend den Prototyp des Anti-Spießers, der nach Kreuzberg zog, um seiner niedersächsischen Kleinstbürgerfamilie zu entkommen. Auf Pro7 irritierte er seine Altersgenossen in der Versteckte-Kamera-Show »Mein neuer Freund« mit unfassbar rüpelhaftem Benehmen in fremden Wohnungen. Kürzlich, nach der Geburt seines Sohnes, ist Ulmen raus aus Berlin ins familienfreundliche Potsdam gezogen. Im Flur seines neuen Kleinstadt-Idylls soll ein Schlüsselbrett hängen.

Die Politik hat reagiert und buhlt um die Familie. Das von der großen Koalition für 2007 angekündigte Elterngeld, das besonders den anständig verdienenden Mittelschichten zugute kommen soll, ist die bislang großzügigste Geste des Staates, die Mitte der Gesellschaft zu stärken. Doch auch sie ist problematisch, denn sie spielt erneut das Spiel der staatlichen Subventionierung und Umverteilung. Die flächendeckende Einrichtung kostenloser Krippenplätze, bessere Frühförderung und Steuersenkungen für Familien wären vielleicht der bessere Weg.

»Run-Away-World« – Welt ohne Halt

In seinem vorletzten Amtsjahr forderte ein schon recht alter Kanzler Helmut Schmidt, sich wieder auf alte Werte wie Disziplin, Pflichtgefühl, Berechenbarkeit oder Standhaftigkeit zu besinnen. Ein damals noch recht junger Oskar Lafontaine entgegnete: »Mit diesen Sekundärtugenden kann man auch ein KZ leiten.« Treffer. Der Zug fährt auf die Minute pünktlich zur Rampe. Fleiß, Pflichtgefühl und Gehorsam der SS sorgen für die disziplinierte Durchführung des Genozids. Respekt vor dem Alter? Unmöglich, denn die Alten sind die alten Nazis. Für Lafontaines Generation hatten die bürgerlichen (Sekundär-)Tugenden mit Auschwitz ihre moralische Berechtigung verloren. Die Werte der (klein-)bürgerlichen Gesellschaft erschienen hohl. Sie standen nicht mehr für Gerechtigkeit oder ein gutes Leben, sondern für das Grauen und dessen Verdrängung. Im Jahr 2006 ist Oskar Lafontaine fast so alt wie Kanzler Schmidt vor 24 Jahren. Und die Welt eine andere. Altnazis gibt es keine mehr. Dafür gibt es die Globalisierung, den 11. September und in Deutschland knapp fünf Millionen Arbeitslose. Ralf Dahrendorf nennt die Welt im Jahr 2006 eine »Welt ohne Halt« und meint das im doppelten Sinn. Niemand kann sie halten – und wir finden in ihr keinen Halt. Die Menschen fühlen sich anonymen Mächten ausgeliefert, die »von Menschen beherrscht werden, deren Gier nach Geld ihre Hirne zerfrisst«, glaubt Heiner Geißler. Und Bundespräsident Horst Köhler fügt an: »Globalisierung ist Realität, aber sie kann zum Monster werden.«

Das Monster zu zähmen, ist Aufgabe der internationalen Politik und der internationalen Öffentlichkeit. Um wieder Halt zu finden, werden wir uns jedoch nicht auf den Sozialstaat alter Prägung verlassen können, den sich Oskar Lafontaine zurückwünscht. Dieser Sozialstaat verwaltet nur noch Mangel und erstickt die Eigeninitiative. Sein Versprechen auf Gerechtigkeit, gar auf Chancengerechtigkeit, hat er leider nicht einhalten können. Halt bietet nicht der Staat mit seinen Bürokratien, Halt bietet eine Gemeinschaft, in der sich die Menschen zu helfen wissen. Dazu brauchen wir Sekundärtugenden. Kein Freundeskreis kommt ohne sie aus, keine Familie, keine Nachbarschaft, kein Dorf, kein Stadtquartier. Diese Einsicht hat sich wieder durchgesetzt, das zeigt die Werteforschung.

Kronzeuge für diesen Befund ist der Speyrer Sozialwissenschaftler Helmut Klages. Der teilt die Menschen nach ihrer Wertorientierung in fünf Gruppen auf. Darunter sind so genannte »ordnungsliebende Traditionalisten«, »perspektivlose Resignierte« und »hedonistische Materialisten«. Ihr Anteil an der Bevölkerung sinkt nach Klages Messungen und macht zusammengenommen deutlich weniger als die Hälfte aus. »Nonkonforme Idealisten« werden nach einem starken Einbruch Ende der achtziger Jahre wieder mehr und stellten 2001 rund 18 Prozent der Deutschen. Die Gruppe mit den stärksten Zuwachsraten und mit deutlich mehr als einem Drittel auch insgesamt größte Gruppe nennt Klages »aktive Realisten«. Die aktiven Realisten sind für den Forscher die Hoffnungsträger für das Gemeinwesen, denn sie verbinden »Selbstentfaltungswerte« wie Unabhängigkeit, Fleiß, Ehrgeiz und Kreativität mit einer ausgeprägten Bereitschaft, sich sozial einzubringen. Klages und seine Kollegen bestätigen: Aktiven Realisten macht ihr soziales Engagement Spaß, denn sie empfinden das Geben als »Selbsterweiterungserfahrung«.

Den aktiven Realisten schreiben Soziologen eine besondere Fähigkeit zu, die sie »Wertesynthese« nennen. Sie verbinden in ihrer Persönlichkeit Werte miteinander, die sich scheinbar widersprechen. Enge soziale Bindung und Unabhängigkeit. Individuelle Freiheit und Verantwortung für andere. Persönlichen Genuss, Leistungsorientierung und Solidarität. Den Staat sieht dieser Typus in der Rolle des »aktivierenden Befähigers«, der die Eigenkräfte in der Gesellschaft wecken und gelegentlich in die richtige Richtung lenken soll. Ein aktiver Realist kann schnelle Autos mögen und dennoch für eine Erhöhung der Mineralölsteuer oder eine Autobahnmaut eintreten. Er macht Karriere, nimmt aber ein Erziehungsjahr, weil ihm die Familie wichtig ist. Ein Essen im Nobelrestaurant ist für ihn genauso selbstverständlich wie eine Spende für Brot für die Welt. »Aktive Realisten haben das spannungsreiche Persönlichkeitsprofil, das den Menschen in Zukunft abgefordert wird«, glaubt Klages, und diese Vielseitigkeit schaffe Zukunftsfähigkeit. Der Grund: Aktive Realisten besitzen zum einen die Stärke und fachliche Kompetenz, selbst voranzukommen und für sich zu sorgen. Zum anderen leitet sie die Vernunft, möglichst viele auf diesem Weg mitzunehmen. Die »alten Werte« spielen für diese verantwortungsbewussten Pragmatiker eine wichtige Rolle. Sie interpretieren sie aber neu, denn traditionelle Tugenden müssen in moderne Lebenskonzepte integriert werden. Dabei verbindet die aktiven Realisten eine positive Grundeinstellung. Für sie lautet die wichtigste Frage nicht mehr: Wozu muss ich nein sagen? Ihre Identität ist von der Frage bestimmt: Wozu kann ich ja sagen? Zu welchen Menschen? Zu welcher Verantwortung? Zu welchen Werten?

Der amerikanische Trendforscher Daniel Yankelovich hat eine auf vielen empirischen Daten fußende Skizze des amerikanischen Sozialtypus der näheren Zukunft gezeichnet. Hedonismus und Experimentierfreude der neunziger Jahre sind diesem Menschen eher unheimlich. Egoismus und Konsum sind ihm ebenfalls suspekt, denn der Zusammenbruch der New Economy hat ihn finanziell gebeutelt und der 11. September tief verunsichert. Die Bilanz-Skandale bei Enron und anderen Vertretern von Big Business haben weitere Zweifel gesät, zumal seine Altersabsicherung zu einem Gutteil auf Aktienbasis läuft. Kurz gesagt: Der Amerikaner von heute ist ein Kind der Verunsicherung. Umso mehr ist er daran interessiert, dass die Dinge in ruhigem Fahrwasser schwimmen, als Voraussetzung für ein solides Wirtschaftswachstum ohne hektische Ausschläge nach oben und unten. Ihm ist klar, dass dieses Ziel nur erreichbar ist, wenn es im Kapitalismus sauber und fair zugeht. Das entspricht – mit Nuancenverschiebungen – ziemlich genau der aktuellen Wahrnehmung der traditionell ängstlichen Deutschen. Gefühlt waren wir den US-Bürgern nie so nah wie heute. Getragen wird diese Grundstimmung nach Yankelovich übrigens sehr stark von Frauen, deren lebenskultureller Einfluss sich Jahr für Jahr sichtbar ausweitet. Gerade sie entdecken das Gefühl: Es kommt auf mich an. Ich kann den Unterschied machen.

Wer fängt an?

Wann kooperieren Menschen? Die Antwort der jüngeren empirischen Wirtschaftswissenschaften fällt eindeutig aus: Wir kooperieren, wenn wir den Eindruck haben, dass die anderen ebenfalls kooperieren. Wir sind bereit zu geben, wenn wir glauben, dass es halbwegs gerecht zugeht und es einen verbreiteten Sinn für Fairness gibt. Zwei einfache Laborexperimente mit realen Testpersonen und echtem Geld haben dies immer wieder belegt: das Diktator-Spiel und das Ultimatum-Spiel. Beim Diktator-Spiel erhält ein Teilnehmer einen bestimmten Geldbetrag, den er auf sich und einen Spielpartner aufteilen darf. Wenn er will, kann er alles behalten. Er muss keine Sanktion fürchten. Der Homo oeconomicus würde diese Gelegenheit sofort ergreifen. Warum teilen, wenn es keinen objektiven Grund hierfür gibt? Doch die meisten »Diktatoren« geben ihrem Partner etwas ab – im Durchschnitt ein Viertel ihres möglichen Gewinns.

Im Ultimatum-Spiel kann der Partner entscheiden, ob er die Aufteilung durch den Vorschlagenden annimmt. Nimmt er an, bekommt er seinen vorgeschlagenen Anteil. Lehnt er ab, bekommen beide gleich viel, nämlich gar nichts. Entgegen der traditionellen ökonomischen Theorie kommt es bei diesem Spiel sehr häufig vor, dass »unfaire« Angebote abgelehnt werden. Die Mehrheit der Vorschlagenden gibt daher gleich die Hälfte ab, um das Risiko einer Ablehnung zu minimieren. Es gibt zudem eine Reihe komplexere Versuche dieser Art, die mehrere Spieler miteinander in Abhängigkeiten bringen oder die Chance bieten, gemeinsam mehr zu erreichen. Der »Spielverlauf« ist fast immer der Gleiche. Menschen strafen unfaires Verhalten, auch wenn es sie etwas kostet. Je mehr Spieler kooperieren, desto höher ist die Gesamtsumme, die sie erspielen. Und: In einer größeren Gruppe, die gut kooperiert, reicht oft ein unbelehrbarer Egoist, um das insgesamt produktive Vertrauensverhältnis der Spieler in sich zusammenbrechen zu lassen. Schert einer aus, wechseln auch die anderen die Taktik und suchen den schnellen Vorteil.

Oft ist die Bereitschaft zum Geben stark situationsgebunden. Wenn wir insgesamt großzügiger handeln wollen, müssen wir uns klar machen: Unsere Psychologie wandelt oft auf seltsamen Pfaden. Sie gibt uns Handlungsmuster vor, denen wir – wenn wir genauer darüber nachdenken – eigentlich gar nicht folgen möchten. Wir haben einen starken Impuls, Menschen in Not zu helfen. Voraussetzung hierfür ist allerdings, dass wir uns verantwortlich fühlen. Ende der sechziger Jahre wiesen die amerikanischen Sozialpsychologen John Darley und Bibb Latané in Experimenten nach, dass ihre Probanden in der Regel sofort bereit waren, einem Opfer eines epileptischen Anfalls zur Hilfe zu eilen. Allerdings sank die Hilfsbereitschaft deutlich, wenn sie wussten, dass noch mehr Menschen den Vorfall beobachteten. Einen vergleichbaren Effekt hat jüngst der Bochumer Altruismus-Forscher Hans-Werner Bierhoff beobachtet. Liegt eine Person hilflos am Straßenrand, sinkt ihre Chance auf Hilfe dramatisch, wenn die ersten Autos vorbeifahren. Sie setzen ein Signal, das andere nachahmen. »Pluralistische Ignoranz« nennen Sozialpsychologen diesen Effekt. Umgekehrt gilt: Eilt der Erste zur Hilfe, folgen auch die anderen. Der Bann der Situation ist dann gebrochen.

Es gibt nur sehr wenige Menschen, die sich bedingungslos für andere einsetzen. Doch auch die bedingungslosen Egoisten sind eine kleine Minderheit. In spieltheoretischen Experimenten sind es meist zwischen 20 und 30 Prozent. Die meisten von uns geben, teilen, kooperieren und helfen, wenn sie das Vertrauen haben, dass die anderen mitziehen. Das Geben ist eine Frage des ersten Schritts, denn Großzügigkeit wirkt ansteckend. Die entscheidende Frage lautet also: Wer fängt an? Wer geht in Vorleistung, damit wir pluralistische Ignoranz überwinden und das Niveau der Kooperation langsam aber sicher nach oben schrauben?

Nach der Ego-Gesellschaft

Der Staat funktioniert nach dem Prinzip der Gewalt, der Markt auf Basis des Tauschs. Die Zivilgesellschaft fußt auf den Regeln des Schenkens. Diese Beobachtung hat der französische Anthropologe Marcel Mauss gemacht. Die Kultur der Großzügigkeit folgt den Prinzipien der Zivilgesellschaft. Wer gibt, freut sich, wenn er etwas zurückbekommt. Und er freut sich am meisten, wenn er gar nicht mit einer Gegenleistung rechnet. Einfordern kann und will der Großzügige nichts, denn das Geben bringt ihm am meisten, wenn es frei vom Ziel des Eigennutzes ist. »Ein Leitbild ist dann freiheitsgerecht, wenn es Abweichungen toleriert, nicht absolut vorgetragen wird oder herrisch gebietet, sondern werbend und verlockend ist«, sagt Verfassungsrichter Di Fabio. Die Kultur der Großzügigkeit ist ein solches Leitbild. Aristoteles siedelt die Großzügigkeit in der Mitte zwischen Geiz und Verschwendung an. Sie ist die Tugend, die zur Freundschaft führt. Wir reden nicht über eine Utopie oder ein ideologisches Fantasiegebilde, das ohnehin nie Wirklichkeit werden kann. Jeder Nehmer kann zum Geber werden. Täglich. Mit Geld, mit Zeit oder mit Ideen. Wir haben die Freiheit, unsere Formen des Gebens zu wählen. Dies ist eine der vielen Chancen, die uns die Individualisierung und der wachsende Wohlstand gebracht haben. Jeder muss seinen Weg finden, diese Chance zu nutzen. Wer nicht recht weiß, wofür er sich einsetzen mag, sollte die eigene Biografie abklopfen. An welchen Weggabelungen im Leben hat mich wer oder was weitergebracht? Oft liegen hier Anknüpfungspunkte vergraben, die das *giving back*, das Zurückgeben zur zwingenden Logik werden lassen.

Die Kultur der Großzügigkeit schließt alle ein. Die Alten und die Jungen, die Reichen und die Armen, die Gebildeten und die weniger Gewitzten. Wer nehmen muss, weil ihn die Umstände dazu zwingen, kann trotzdem schenken, nämlich Dank und Respekt. Als ich mit den Recherchen für dieses Buch begann, war ich mir nicht ganz sicher, ob die Ego-Gesellschaft ausgedient hat. Ob eine realistische Chance besteht, dass der Gemeinsinn den Eigensinn öfter als gelegentlich schlagen kann. Jetzt bin ich sicher. Ich habe mit zu vielen Menschen geredet, denen die Nehmermentalität zum Halse heraushängt. Und die haben von zu vielen berichtet, denen es genauso geht. Oft sind wir einfach zu bequem, in die Geber-Rolle zu schlüpfen, obwohl wir es sehr wohl könnten. Die Jahre, die vor uns liegen, werden keine bequemen sein.

Es gibt die, die einfach gehen, wenn das Fest vorbei ist. Und es gibt die, die aufräumen.

Die Vision liegt nahe und ist konkret. Zu den Eheleuten aus Hessen, die seit über 15 Jahren dem krebskranken russischen Mädchen helfen, sagte einmal ein Bedenkenträger von der Sorte, die wir alle kennen: »Ihr könnt doch ohnehin nur einem Mädchen helfen.« Die Antwort kam prompt: »Nimm du auch eins, dann sind es schon zwei!«

Wenn alle geben, werden alle gewinnen. Sie auch.

Danksagung

Für dieses Buch haben mir viele Menschen Zeit und Energie gespendet. Dafür danke ich sehr. Meine Agentin Barbara Wenner und mein Verleger Christian Strasser haben geholfen, aus einer vagen eine konkrete Idee zu machen. Mein Freund Claudio Gallio hat mir wieder wichtige Impulse bei der Konzeption gegeben, mein Vater wieder jedes Kapitel in frühem Stadium korrigiert und konstruktiv kritisiert. Meine Freundin Sofia Soromenho-Ramos hat mich von Washington aus bei Suche und Sichten amerikanischer Literatur unterstützt. Thank you, Sofia. Meine Lektorin Dr. Constanze Neumann hat bei Form und Inhalt immer akribisch und berechtigt hinterfragt.

Für ausführliche Interviews und Hintergrundgespräche danke ich herzlich: Dr. Laura Arrillaga, Tobias Baur, Prof. Dr. Jens Beckert, Dr. Knut Bergmann, Christiane Biedermann, Olaf Blank, Dr. Bernhard Bueb, Prof. Dr. Heinz Bude, Dr. Urs Fischbacher, Bernhard Fischer-Appelt, Dr. Hans Fleisch, Prof. Dr. Claire Gaudiani, Dr. Alois Glück, Dr. Annemarie von der Groeben, Dr. Wolfgang Harder, Dr. Marita Haibach, Frank Hansen, Phillip Hoelscher, Günther Jauch, Dr. Hartmut Kasten, Leni und Reinhold Kerl, Dr. Ansgar Klein, Klaus Krone, Prof. Dr. Claus Leggewie, Dr. Hans Rudolf Leu, Wolf Lotter, Prof. Dr. Sonja Lyubomirsky, Oswald Metzger, Thomas Michel, Jens Mittelsten Scheid, Dr. Christoph Müllerleile, Dr. Stefan Nährlich, Axel Nowack, Oliver Paxmann, Anna Peters, Prof. Dr. Christian Pfeiffer,

Dr. Gerd Placke, Prof. Dr. Thomas Rauschenbach, Enja Riegel, Birgit Riess, Susanne Rindt, Dr. Ellen Ringier, Jürgen Rohde, Katrin Sachs, Prof. Dr. Paul Schervish, Lothar Schulz, Dr. Reinhard Sprengel, Andreas Steinert, Whitney Sterling, Rupert Graf Strachwitz, Dr. Alois Stutzer, Henning Sußebach, Dr. Karsten Timmer, Joachim Tomesch, Nikolaus Turner, Sabine Werth, Roland Vogelmann, Dr. Rotraut Walden und Harald Willenbrock.

Literaturverzeichnis

Frank Adloff und Steffen Mau: *Vom Geben und Nehmen. Zur Soziologie der Reziprozität*, Frankfurt/New York, 2005

Michael Argyle: *The Psychology of Happiness*, London/New York, 1987

Michael Argyle: *The Social Psychology of Leisure*, London, 1996

Michael Argyle, Adrian Furnham: *The Psychology of Money*, London/New York, 1998

Jens Beckert: *Unverdientes Vermögen – Soziologie des Erbrechts*, Frankfurt/New York, 2003

Bertelsmann Stiftung (Hg.): *Unternehmensbefragung 2005: Die gesellschaftliche Verantwortung der Unternehmen*, Gütersloh, 2005

Bertelsmann Stiftung (Hg.): *Handbuch Bürgerstiftung. Ziele, Gründe, Aufbau, Projekte*, Gütersloh, 2004

Hans-Werner Bierhoff (Hg.): *Solidarität. Konflikt, Umwelt und Dritte Welt*, Opladen, 2001

Fernand Braudel: *A History of Civilisation*, New York, 1993

Robert H. Bremner: *American Philanthropy*, Chicago, 1988

Robert H. Bremner: *Giving. Charity and Philanthropy in History*, New Brunswick, 2000

Heinz Bude: *Die ironische Nation*, Hamburg, 1999

Heinz Bude: *Generation Berlin*, Berlin, 2002

Bundesministerium für Bildung und Forschung (Hg.): *Non-formale und informelle Bildung im Kindes- und Jugendalter*, Bonn, 2004

Bundesministerium für Familie, Senioren, Frauen und Jugend: *Freiwilliges Engagement in Deutschland: Ergebnisse der Repräsentativ-*

erhebung zu Ehrenamt, Freiwilligenarbeit und bürgerschaftlichem Engagement, Freiwilligen-Survey 1999, Berlin, 2000

Bundesverband Deutscher Stiftungen: *Zahlen, Daten, Fakten zum deutschen Stiftungswesen*, Berlin, 2001

Michael Bürsch: »Reformprojekt Bürgergesellschaft: Lernort Schule«, in: Nina Hauer (Hg.): *Engagement macht Schule – Herausforderungen und Chancen*, Berlin (2004), S. 17

Michael Bürsch: »Freiwillig an die Spitze«, in: *Berliner Republik* 7 (2005), 3, S. 50–57

Michael Bürsch: »Bürgergesellschaft und aktivierender Staat: Eckpunkte für einen neuen Gesellschaftsvertrag«, in: *Die neue Gesellschaft, Frankfurter Hefte* 47 (2000), 7/8, S. 452–459

Robert B. Cialdini: *Influence: Science and Practice*, Glenview, 1985

Robert B. Cialdini: »Empathy-Based Helping: Is it Selflessly or Selfishly Motivated?«, in: *Journal of Personality and Social Psychology*, 52, 4 (1987), S. 749–758

R. B. Cialdini und D. T. Kenrick: »Altruism as Hedonism: A Social Development Perspective on the Relationship of Negative Mood State and Helping«, in: *Journal of Personality and Social Psychology*, 34 (1976), S. 907–914

R. B. Cialdini, B. J. Sagarin, W. E. Rice: »Training in Ethical Influence«, in: J. Darley, D. Messick und T. Tyler (Hg.): *Social Influences on Ethical Behavior in Organizations*, Mahwah, NJ, 2001, S. 137–153

Ralf Dahrendorf: »Es ist uns noch nie so gut gegangen«, in: *Universitas* (2003), S. 996–1009

Dalai Lama und Howard Cutler: *Die Regeln des Glücks*, Bergisch-Gladbach, 1999

Richard Dawkins: *Das egoistische Gen*, Reinbek bei Hamburg, 1996

Warnfried Dettling: *Politik und Lebenswelt: Vom Wohlfahrtsstaat zur Wohlfahrtsgesellschaft*, Gütersloh, 1995

E. Diener, D. Kahneman, N. Schwartz: *Well-Being: The Foundation of Hedonistic Psychology*, New York, 2000

E. Diener und E. M. Suh (Hg.): *Culture and Subjective Well-Being*, Cambridge, 2000

Gregg Easterbrook: *The Progress Paradox: How Life Gets Better While People Feel Worse?*, New York, 2003

Bret Easton Ellis: *Glamorama*, München, 2001

Thomas Ebermann und Rainer Sprengel: »Die größten deutschen Stiftungen: Ergebnisse einer Stiftungsrecherche«, in: *Opusculum* 17 (2005), Maecenata Institut

Irenäus Eibl-Eibesfeldt: *Die Biologie des menschlichen Verhaltens*, München, 1997

Ulrich Eith und Beate Rosenzweig: *Bürgerschaftliches Engagement und Zivilgesellschaft. Ein Gesellschaftsmodell der Zukunft?*, Schwalbach, 2004

Enquete-Kommission des Deutschen Bundestags (Hg.): *Bürgerschaftliches Engagement und Sozialstaat* (Aus der Reihe: Zukunft des Bürgerschaftlichen Engagements 3), Opladen, 2003

Udo Di Fabio: *Die Kultur der Freiheit*, München, 2005

Joachim Fest (Hg.): *Die großen Stifter: Lebensbilder – Zeitenbilder*, Berlin, 1997

Bernhard Fischer-Appelt: *Die Moses-Methode: Führung zu bahnbrechendem Wandel*, Hamburg, 2004

Bruno S. Frey: *Inspiring Economics: Human Motivation in Political Economy*, Cheltenham, 2001

Bruno S. Frey und Alois Stutzer: *Happiness and Economics: How the Economy and Institutions Affect Human Well-Being*, Princeton, 2002

Bruno S. Frey und Alois Stutzer: »Reported Subjective Well-Being: A Challenge for Economic Theory and Economic Policy«, in: *CREMA Working Paper Series* 2003–07 (2003), Center for Research in Economics, Management and the Arts (CREMA)

Francis Fukuyama: *Trust: The Social Virtue and the Creation of Prosperity*, New York, 1995

Francis Fukuyama: *Der Große Aufbruch: Wie unsere Gesellschaft eine neue Ordnung erfindet*, Wien, 2000

Claire Gaudiani: *The Greater Good: How Philanthropy Drives the American Economy and Can Save Capitalism*, New York, 2003

Anthony Giddens: *Jenseits von Links und Rechts*, Frankfurt, 1997

H. Gintis, S. Bowles, R. T. Boyd, E. Fehr: *Moral Sentiments and Material Interests: The Foundations of Cooperation in Economic Life*, Boston, 2005

Alois Glück: *Verantwortung übernehmen: Zur Kultur des Helfens, Kultur der Selbständigkeit, zum Prinzip Gegenseitigkeit und Nachhaltigkeit*, München, 2000

Alois Glück, Holger Magel, Thomas Röbke (Hg.): *Neue Netze des Bürgerschaftlichen Engagements: Stärkung der Familien durch ehrenamtliche Initiativen*, München, 2004

Annemarie von der Groeben: *Rituale in Schule und Unterricht*, Hamburg, 2000

André Habisch und René Schmidpeter: *Corporate Citizenship*, Berlin, 2003

Marita Haibach: *Handbuch Fundraising*, Frankfurt/New York, 2002

Marita Haibach: *Frauen erben anders*, Königstein, 2001

Rainer Hank: *Das Ende der Gleichheit*, Frankfurt, 2000

John J. Havens und Paul G. Schervish: »Why the $41 Trillion Wealth Transfer is Still Valid: A Review of Challenges and Questions«, in: *The Journal of Gift Planning* Vol. 7, Nr. 1 (2003), S. 11–15, 47–50

Hartmut von Hentig: *Die Schule neu denken*, Weinheim und Basel, 2003

Uwe Jean Heuser: *Das Unbehagen im Kapitalismus: Die neue Wirtschaft und ihre Folgen*, Berlin, 2000

Martin L. Hoffman: *Empathy and Moral Development: Implications for Caring and Justice*, New York, 2001

Martin L. Hoffman, »Empathy and Justice Motivation«, in: *Motivation and Emotion* 4 (1990), S. 151–172

Martin L. Hoffman: »Affect, Motivation, and Cognition«, in: E. T. Higgins und R. M. Sorrentino (Hg.): *Handbook of Motivation and Cognition: Foundations of Social Behavior*, New York, 1985, S. 244–280

Martin L. Hoffman: »Is Altruism Part of Human Nature?«, in: *Journal of Personality and Social Psychology* 40, 1 (1981), S. 121–137

Matthias Horx: *Wie wir leben werden: Unsere Zukunft beginnt jetzt*, Frankfurt/New York, 2005

Morton Hunt: *Das Rätsel der Nächstenliebe: Der Mensch zwischen Egoismus und Altruismus*, Frankfurt/New York, 1992

Hartmut Kasten: *0–3 Jahre: Entwicklungspsychologische Grundlagen*, Weinheim und Basel, 2004

Hartmut Kasten: *4–6 Jahre: Entwicklungspsychologische Grundlagen*, Weinheim und Basel, 2005

Christoph Keese: *Rettet den Kapitalismus*, Hamburg, 2004

John Maynard Keynes: *Essays in Persuasion*, London, 1972

Paul Kirchhof: *Der sanfte Verlust der Freiheit*, München, 2004

Helmut Klages: *Der blockierte Mensch: Zukunftsaufgaben gesellschaftlicher und organisatorischer Gestaltung*, Frankfurt/New York, 2002

Helmut Klages: »Brauchen wir eine Rückkehr zu traditionellen Werten?«, in: *Aus Politik und Zeitgeschichte*, B 29/2001

Ansgar Klein: *Diskurse der Zivilgesellschaft: Politische Hintergründe und demokratietheoretische Folgerungen*, Opladen, 2001

Stefan Klein: *Die Glücksformel oder Wie die guten Gefühle entstehen*, Reinbek bei Hamburg, 2002

Lawrence Kohlberg: *Zur kognitiven Entwicklung des Kindes: Drei Aufsätze*, Frankfurt am Main, 1982

Lawrence Kohlberg: *Die Psychologie der Moralentwicklung*, Frankfurt am Main, 1996

Susanne Korfmacher (Hg.): *Corporate Citizenship*, Opladen, 2003

Christoph Kroschke: *Stiften mit Gewinn: 12 gute Gründe, sein Geld in Stiftungen zu investieren*, Landsberg am Lech, 1999

H.-H. Krüger, Thomas Rauschenbach (Hg.): *Pädagogen in Studium und Beruf: Empirische Bilanzen und Zukunftsperspektiven*, Wiesbaden, 2004

Beatrix Kuhlen: *Corporate Social Responsibility (CSR): Die ethische Verantwortung von Unternehmen für Ökologie, Ökonomie und Soziales*, Baden-Baden, 2005

Richard Layard: *Die glückliche Gesellschaft: Kurswechsel für Politik und Wirtschaft*, Frankfurt am Main/New York, 2005

Hans Rudolf Leu: »Bildungs- und Lerngeschichten – ein Beitrag zur Arbeit im Verbund«, in: Eva Hammes-Di Bernardo und Sabine

Hebenstreit-Müller (Hg.): *Innovationsprojekt Frühpädagogik – Professionalität im Verbund*, Hohengehren, 2005

Theresa Lloyd: *Why Rich People Give*, London, 2004

York Lunau: *Die soziale Verantwortung der Wirtschaft: Was Bürger von Unternehmen erwarten*, Bern, 2004

Sonja Lyubomirsky, K. M. Sheldon, D. Schkade: »Pursuing Happiness: The Architecture of Sustainable Change«, in: *Review of General Psychology* 9 (2005), S. 111–131

Sonja Lyubomirsky und K. M. Sheldon: »Achieving Sustainable New Happiness: Prospects, Practices, and Prescriptions«, in: A. Linley und S. Joseph (Hg.): *Positive Psychology in Practice* (2004), S. 127–145

Stephan Meier und Alois Stutzer: »Is Volunteering Rewarding in Itself? Evidence from a Natural Experiment«, in: *CREMA Working Paper Series* 2004–12 (2004), Center for Research in Economics, Management and the Arts (CREMA)

Friedrich Merz: *Nur wer sich ändert, wird bestehen: Vom Ende der Wohlstandsillusion – Kursbestimmung für unsere Zukunft*, Freiburg, 2004

Oswald Metzger: *Einspruch! Wider den organisierten Staatsbankrott*, München, 2004

Meinhard Miegel: *Epochenwende: Gewinnt der Westen die Zukunft?*, Berlin, 2005

Meinhard Miegel: *Die deformierte Gesellschaft*, Berlin/München, 2003

Herfried Münkler: »Ehre, Amt und Engagement: Wie kann die knappe Ressource Bürgersinn gesichert werden?«, in: *Forschungsjournal neue soziale Bewegungen* 13. H. 2 (2002), S. 22–31

Paul Nolte: *Die Ordnung der deutschen Gesellschaft*, München, 2000

Paul Nolte: *Generation Reform: Jenseits der blockierten Republik*, München, 2004

Teresa Odenthal: *Charity Begins at Home: Generosity and Self-Interest Among the Philanthrophic Elite*, New York, 1990

D. Oman, C. E. Thoresen, K. McMahon: »Volunteerism and Mortality among the Community Dwelling Elderly«, in: *Journal of Health Psychology* 4 (1999), S. 301–316

Fritz Oser und Wolfgang Althof: *Moralische Selbstbestimmung: Modelle der Entwicklung und Erziehung im Wertbereich*, Stuttgart, 1997

Francie Ostrower: *Why the Wealthy Give: The Culture of Elite Philanthropy, Princeton*, 1995

Christian Pfeiffer: »Die Bürgerstiftung: Ein neuer Weg zur gesellschaftlichen Innovation«, in: Gerd Iben (Hg.): *Ende der Solidarität?*, Münster, 1999, S. 116–126

Robert Putnam: *Bowling Alone: The Collapse and Revival of American Community*, New York, 2000

Diether Raff: *Deutsche Geschichte: Vom alten Reich zum vereinten Deutschland*, München, 2001

John Rawls: *A Theory of Justice*, Cambridge, 1971

Matt Ridley: *Die Biologie der Tugend: Warum es sich lohnt, gut zu sein*, München, 1997

Matt Ridley: *Nature via Nurture: Genes, Experience and What Makes Us Human*, London, 2003

Jens Riedel: »Marktwirtschaft ohne Vertrauen: Wie durchbricht man den Teufelskreis?«, in: Strategieinstitut der Boston Consulting Group (Hg.): *Die Marktwirtschaft im Zeitalter kultureller Herausforderungen*, München, 2004

Enja Riegel: *Schule kann gelingen*, Frankfurt, 2005

Birgit Riess (Hg.): *Management-Handbuch Corporate Social Responsibility*, Gütersloh, 2005

Jeremy Rifkin: *Access: Das Verschwinden des Eigentums*, Frankfurt/New York, 2000

Doris Rubenstein: *The Good Corporate Citizen: A Practical Guide*, Hobocen, 2004

J. Philippe Rushton: *Altruism, Socialization, and Society*, Englewood Cliffs, 1980

Paul G. Schervish und John J. Havens: »Wealth and the Commonwealth: New Findings on the Trends in Wealth and Philanthropy«, in: *Nonprofit and Voluntary Sector Quarterly*, Vol. 30, 1 (2001), S. 5–25

Paul G. Schervish und John J. Havens: »Gifts and Bequests: Family or

Philanthropic Organizations?«, in: Alicia Munnell und Annika Sunden, (Hg.): *Death and Dollars*, Washington D. C., 2003

Paul G. Schervish: *Gospels of Wealth: How the Rich Portray Their Lives*, Greenwood, 1994

Paul G. Schervish: »The Inheritance of Wealth and the Commonwealth: The Ideal of Paideia in an Age of Affluence«, in: *Philanthropy Across the Generations: New Directions for Philanthropic Fundraising*, 42 (2003), S. 5–24

Paul G. Schervish: »Major Donors, Major Motives: The People and Purposes Behind Major Gifts«, in: Dwight F. Burlingame und James M. Hodge (Hg.): *New Directions for Philanthropic Fundraising: Developing Major Gifts*, 16 (1997), S. 85–112

Paul G. Schervish (Hg.): *Wealth in Western Thought: The Case for and Against Riches*, Westport, 1994

Paul G. Schervish: »Wealth Transfer in an Age of Affluence«, in: *More Than Money Journal*, Frühjahr 2003, S. 5–10

Frank Schirrmacher: *Das Methusalem-Komplott*, München, 2004

Barry Schwartz: *The Paradox of Choice: Why More is Less*, New York, 2004

Karl Ludwig Schweisfurth: *Wenns um die Wurst geht: Mein Weg von der Fleischindustrie zur ökologischen Landwirtschaft*, München, 2001

Amartya Kumar Sen: *Ökonomie für den Menschen: Wege zu Gerechtigkeit und Solidarität in der Marktwirtschaft*, München, 1999

Amartya Kumar Sen: *Ökonomische Ungleichheit*, Frankfurt/New York, 1975

Richard Sennett: *Der Flexible Mensch: Die Kultur des neuen Kapitalismus*, Berlin, 1998

Hans-Werner Sinn: *Ist Deutschland noch zu retten?*, München, 2003

Manfred Spitzer: *Lernen: Gehirnforschung und die Schule des Lebens*, Heidelberg, 2002

Reinhard Sprenger: *Der dressierte Bürger: Warum wir weniger Staat und mehr Selbstvertrauen brauchen*, Frankfurt/New York, 2005

Gabor Steingart: *Deutschland: Der Abstieg eines Superstars*, München, 2004

Rupert Graf Strachwitz (Hg.): *Dritter Sektor – Dritte Kraft: eine Standortbestimmung*, Düsseldorf, 1998

Rupert Graf Strachwitz: »Die Kultur der Zivilgesellschaft stärken – ohne Kosten für den Staat«, in: *Förderung des bürgerschaftlichen Engagements, Fakten, Prioritäten, Empfehlungen*, S. 122–135 (2003)

Jürgen F. Strube: *Verantwortung unternehmen*, Stuttgart, 2004

Peter Struck: *Erziehung von gestern, Schüler von heute, Schule von morgen*, München / Wien, 1997

Karsten Timmer: *Stiften in Deutschland: Die Ergebnisse der Stifterstudie*, Gütersloh, 2005

Michael Tomasello: *Die kulturelle Entwicklung des menschlichen Denkens: Zur Evolution der Kognition*, Frankfurt am Main, 2002

Frans de Waal: *Der gute Affe*, München, 2000

Frans de Waal: *Der Affe und der Sushimeister*, München, 2005

Douglas E. White: *The Art of Planned Giving: Understanding Donors and the Culture of Giving*, New York, 1995

1. Auflage 2006

Umschlaggestaltung: HildenDesign, München
Gesetzt aus der Minion
Layout und Satz: Petra Wagner, Hamburg
Druck und Bindung: Druckerei Pustet, Regensburg
Printed in Germany
ISBN 3-86612-081-8